认清自己，世界也会为你让路

自察力训练手册

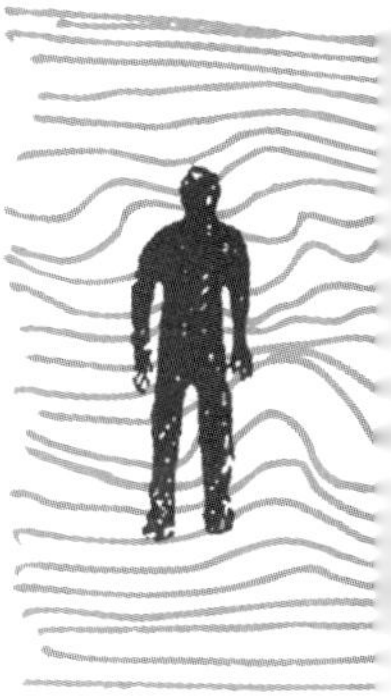

乔丽芳
> 著

新世界出版社
NEW WORLD PRESS

图书在版编目（CIP）数据

认清自己，世界也会为你让路：自察力训练手册 / 乔丽芳著 . -- 北京 : 新世界出版社 , 2016.10（2017.3 重印）
ISBN 978-7-5104-5986-3

Ⅰ . ①认… Ⅱ . ①乔… Ⅲ . ①心理学 Ⅳ . ① B84

中国版本图书馆 CIP 数据核字 (2016) 第 221887 号

认清自己，世界也会为你让路：自察力训练手册

作　　者：乔丽芳
责任编辑：冀　晖
责任印制：李一鸣
出版发行：新世界出版社
社　　址：北京西城区百万庄大街 24 号（100037）
发 行 部：(010) 6899 5968　(010) 6899 8705（传真）
总 编 室：(010) 6899 5424　(010) 6832 6679（传真）
http://www.nwp.cn
http://www.nwp.com.cn
版 权 部：+8610 6899 6306
版权部电子信箱：nwpcd@sina.com
印　　刷：北京亚通印刷有限责任公司
经　　销：新华书店
开　　本：710mm × 1000mm　1/16
字　　数：202 千字　印张：15.5
版　　次：2016 年 10 月第 1 版　2017 年 3 月第 2 次印刷
书　　号：ISBN 978-7-5104-5986-3
定　　价：42.00 元

目录
Contents

第三章
外部“投射”：你给对方贴了多少标签？

第四章
感受彼此，消除观察者与被观察者的时空距离

第五章
感召价值：内在和外在结合的影响力

第六章
激发可能性：甩掉“不敢要”和“做不到”

赞　誉

我所认识的乔丽芳乔导是这样的一个人——业内人称“乔帝”，由于深受学员们的喜爱，她也被称为“女神”。也许是从小的体育运动造就了她越挫越勇的性格，她敢于挑战、善于探索和学习。读完这本书，我深受启发，从广度上来说，教练技术可以应用在各个领域；从深度上来讲，这种技术对于人们成长潜能的挖掘大有裨益。我相信《认清自己，世界也会为你让路：自察力训练手册》这本书会为你带来相当多的收获。

——刘吉川，秦皇岛华电测控设备有限公司董事长

教练能帮助人们更好地思考，我们的工作就是支持被教练者看清自己，重塑信念，实现人生的目标。作为最早进入甲子团的一群人，小乔十几年实战经验凝结成的这本书，一定会帮助人们跳出常规和旧有思维的束缚，找到生命的意义，促使他们勇于觉察和改变，去创造无限的可能。

——徐正华，人本教练研究中心中级训练师，高级企业教练师

在这本关于自察力的书中，乔导总结了她在生活和工作中实际运用教练技术的经验和心得，我觉得这是从另一个角度更加证明了“教练生活化，生活教练化”的意义。老乔当过运动员，做过企业，现在是教练业的训练师，一个有着丰富生活体验的人，才能写出真正生活中的教练技术。相信这本书能够给喜

欢教练技术的人一些落地的启发。

——李军，深圳市翔能强电力设备有限公司董事长

“老乔”是“武能上马定乾坤、文可提笔安天下”的奇女子。她在过去的十多年中，为了所热爱的人本教练付出了许多，放弃了原本安逸的生活，是非常值得我学习和尊敬的前辈。如果你也是一个对人生有更高追求的人，她在这本书中所展示的，一定可以对你有颇多启发。

——徐英，北京华盛邦宁教育科技有限公司总经理，资深企业教练

认识乔导三年，她的个人魅力一直深深吸引着我，我感觉自己乃至家庭的生命和幸福感都被重新唤醒。不仅如此，公司团队的力量也爆发出来了——我们用两个月时间创造了以往半年的销售业绩。这些惊人的奇迹都来自乔导极为专业的训练。

——胡伟，北京神笔马良持久文饰化妆艺术研究机构创始人

因为是同行，我曾数次与老乔一起探讨，教练技术在现实生活中该如何切实帮助人们成长；如何从理论层面向应用层面转化，而非一味将其提升至“道”的高度而偏废“术”的应用。于是，我向热爱教练技术的老乔提议，把我们的一点经验总结出来以飨读者。本书里有我和老乔在实践中遇到的真实案例总结，希望对大家有所启发和帮助。

——刘海峰，企业训导师，国家二级心理咨询师

自　序

一个很偶然的机会，我与教练技术结缘。在那之前，我是一名企业人，在内蒙古当地经营一家女子高档俱乐部，同时兼顾一份与药品相关的事业。整日奔波在各个城市之间，虽然收获着忙碌中创造的满足感，但内心并不快乐。对我而言，奋斗所争取回来的每个胜利似乎都是理所当然的，而争取不回来的，则证明了自己的无能与懒惰。我感到自己是在用能力应对和适应生活，做不了生活的主人，被迫消耗着时间和生命，却找不到多少自我价值。

就在这时，我遇到了教练技术，遇到了足以改变我一生的另一扇“门”。“教练（coaching）”一词源于体育，后来发展为一种全新的管理技术——通过完善心智模式来发挥潜能，提升效率。在这个过程中，教练会通过一系列有方向性的提问，洞察被教练者的心态，引导他们向内挖掘潜能，向外发现可能性，从而有效达到目标。

对我来说，教练技术是一位志同道合的朋友，它积极的生活态度无时无刻不在感染着我，令我恍然大悟：原来人生还可以活得这样张弛有度，仿佛上帝为我打开了一扇充满智慧和光明的大门，里面有许多不可思议和感动。逐渐地，我了解到生命的意义与本质，看清了自己内心的恐惧和不足，看清了自己的价值。我庆幸终于可以快乐地走自己的路了。其实，心灵总是需要找到一个站点休息、整饬，教练技术这种无为的补给，是我心身疲惫时的最好补药，让我可以蓄积力量继续向目标迈进。

随着对教练技术理论有了相当程度的了解和实践，我越来越多地体悟到自我觉察的神奇力量，通过自我觉察、自我调整、自我行动，实现自我改变，看到环境与世界的不同。人生没有对错，只有因果。当自己焕然一新时，才会站得更高，才能领略到世界的美好。于是，我开始进行深入学习，逐渐认识到运用这样的方式可以点燃更多人的生命。就这样，我成为了一名训练师，支持更多生命路上相遇的伙伴，与大家一起前行。

教练观点带给我很大的启发，这也正是我写这本书的初衷：分享自己的收获，支持更多人在生活和工作中成为教练，最终实现自我教练；鼓励更多人不断进行自我探索与觉察，摒弃各种干扰，找到提升表现的方法，用信念与行动将理想变现。当我们学会自我觉察，找到帮助自己激发可能性的方法，成为一名合格的教练后，就会为自己做出最好的选择。遗憾的是，我们常常以为无法完成这一过程，就像当初的我，被旧有的心智模式所束缚，无法探寻生命新的可能性。

教练是一面镜子，帮助我们觉察，同时也是一位伙伴，通过发人深省的提问，协助我们看清自己的思维模式和行为模式，找到潜意识里的“真我”，最大限度地激发我们的天赋潜能，提升表现。

我很欣慰能从我的学员身上亲历到这种改变。他们将教练技术的方法运用到人生的很多方面，包括企业管理、子女教育、夫妻相处、自我激励、兴趣爱好等。他们的成果让我看到，教练技术已经成为了我们生活的一部分，被越来越多的人视为一种人生态度和思维方法。它是一种能让我们在个人层面、组织层面不断提升自我表现力的方法学。作为一种高效的成长途径，教练技术日益受到人们的重视和青睐，逐渐从企业重点培养对象的专有特权转向普通人生活的方方面面。

如同培养任何新的信念、心态一样，在运用教练技术的过程中，我们需要具备这样的素质：同理心、客观，以及在大多数情况下愿意采取一种不带任何主观判断和预设的方式去观察、倾听。具体来说，就是具备聆听、发问、区分和回应四种教练能力。这四种教练能力是教练技术中令人着迷的一个领域，它带领我们直接进入思维过程的核心。

本书呈现了大量的实践方法、练习以及案例。如果你已经接触过教练技术，并且正准备深入学习，我希望这本书能提供一套教练实践的指导，带给你新的发现；如果你过去不熟悉教练技术，我希望书中提到的思考方式和生活态度能对你有所启发，带你开启一段自我探索的旅程。

2016 年 6 月 17 日

推荐序一 | 发现自我，在探索中不断优化生活质量

两年前我要求徒弟们出书，作为人本训练师成长的里程碑，在芸芸徒弟之中，李军以《极地人生》第一个脱颖而出，当时我曾让助理去检视丽芳的进程，并已经帮她物色到合适的出版社，没想到丽芳回复："一切已经安排好，内容也在定稿过程中。"这就是身高 1.74 米乌发及腰的丽芳，运动员出身的她，总是习惯于默默地提前做好一切准备，一点儿都不让师父操心……

丽芳的书稿不期然把我的思绪拉回到 21 年前，当时全球只有区区几十人试图把"教练"（coaching）普及化。英语中，"教练"一词最早出现于 16 世纪，最初是指一种特定的马车 (这一含义沿用至今)，因此它作为动词的最初含义是将一位重要人物从其所处地点送往其想要去的地点。在牛津大学，"教练"在口语中特指与牛津大学无任何关联的私人教师，其职责是帮助学生应对考试。可是这些定义都不足以表达我们所赋予 Coaching 的含义——提升意识，明晰内在诉求并自觉选择和行动。1995 年，我决心把"教练"这个概念引入中国，帮助祖国发展人力资源，奈何当时国内无人知晓什么是 Coaching，只认识传统的教练含义。我和外子梁立邦苦苦思量，决定把 Coaching 这个关键词翻译为"教练技术"，并且投入全部精力研究如何将这种新兴的管理方法应用于企业及生活当中。从 1995 年到 2012 年，教练业迅速发展，全球参与推动教练业的人士已经从培训机构发展到高等院校，这意味着"教练技术"这个关键词已经到了重新定义的时刻。

犹如教练业中一位先行者——Rey A. Carr 博士（加拿大 Peer Resources 首席执行官）所说：“与学术学科不同的是，教练技术的起源和演变更加复杂，同时还夹杂着误导信息，至少到目前为止是这样的……”对于他的感想我们深表认同，为了推动教练业在国内健康发展，外子花了一年半的时间翻译并出版《教练学发展史资料大全》，这是一本能够深入了解教练领域发展根源及其最初 20 年发展模式的巨著。其间，他对于翻译 Coaching 这个重要关键词作了缜密的思考，并将之重新定义为“教练学”。我们希望通过这本教练学史诗，帮助大家更透彻地理解教练学的起源，清楚区分心理学者、商务顾问、个人成长训练或励志演说与教练的界线。教练专业日益精细化是行业演变的必然要求和趋势，但缺乏对行业历史的认知和认同会导致从业者无法实际获知有效学习和从事教练工作的方法，学员也不能有效选择自身需要的教练类型。

教练学很大程度上是观察我们所做的事情并探求其如何与我们内在的诉求相对应，从而发现差距，在探索中不断优化生活的质量。作为中国教练学的先驱，人本教练探索和优化的步伐从未停止过，丽芳可以说是人本教练发展的见证人之一。2010 年，人本教练模式的理论背景从人本心理学发展到以脑科学、身心免疫学和正向心理学为框架。对于在 2007 年之前经历过人本教练培训的教练们，最新的人本教练培训是一个翻天覆地的转变。丽芳拜师后，面对的是人本训练师都要经历的严格锻炼——从自身的修行到研读人本教练变革后的理论。每周的读书会，每周的整合健康锻炼检视，总结读书心得，写论述文，上台实习，然后灰溜溜地在后台被师父点评，再上台磨练，跟随师父出国学习、游历、做训练，丽芳一点一点地成长，回想当初她对着一大堆竖版繁体字的参考书露出尴尬的表情笑说“这咋整啊”，到今天她汇集多年的学习和经验成书，这本书可以说是锤炼人本训练师的记录。

我很欣喜看到丽芳的成长，相信她陆续会有更多不同类型的著作问世，犹如丽芳的师弟刘海峰借用人本教练模式的九点领导力，用《三国演义》的故事解读并出版了《九点领导力使用手册》，以此方式发扬光大人本教练，但愿他们铭记师父给予的座右铭：人本训练师是一群高素质、知识渊博、儒雅和谦卑的终身学习团队。人本训练师站得比别人高、处得比别人低、做得比别人多、取得比别人少。人本训练师以利他作为利己的基础，关注社稷，以“老吾老以及人之老、幼吾幼以及人之幼”为人生坐标。

随着我的人生经历，对人性以及教练的理解，教练学于我而言已经不仅仅是一门学科或是一种职业，它是一种生活态度，是一种自我砥砺修行的工具。教练的尊贵精神养成是教练学从业者的磐石，更是百年幸福企业的钥匙。

2016 年 7 月 10 日写于加拿大慧能市 以此序言赠予今天生日的你

推荐序二 ｜ 激扬生命，创造可能

老乔，教练江湖中人称“乔哥”“乔帮主”“乔帝”。我一开始也把她当一汉子看，一米八的身高，十项全能，早年在商界叱咤风云，武二、唐伯虎、女驸马的形象全都适合她。人物形象鲜活生动、风流倜傥，挥斥方遒，每每看她在课上、教练尾周、分别时刻哭得梨花带雨我就微觉诧异。时间长了，成了阿赖，感受着她春有百花秋有月的悉心关照，才终于摸清了她一张狐狸皮下的少女心。

2004 年我去上教练技术，那时我还在山西创业卖酒，一年 1000 万的销售额。有闲钱上课，精力充沛，跃跃欲试，无比向往更加高大上的生活，李嘉诚是我的人生榜样，做梦都想成为伟大的企业家，《商界》《企业与销售》每期必买必读，想象着自己成为封面人物。

上完教练技术课，我如获至宝植入企业，训练员工、经销商，年入千万的企业一年培训费用就投进去 200 万。得益于教练技术的强大作用，第二年企业销售破亿，截止到 2008 年，企业年销售额近 10 个亿。2009 年，酒仙网创立，我再次走进教练课堂，学习三代教练技术。2015 年 9 月，酒仙网新三板挂牌，今天酒仙网市值过百亿。教练技术对企业的巨大作用无处不在。2012 年 6 月，我想给采购部下半年定 1 个亿的广告任务，采购部上下没信心只报了 5000 万，全部门经过 100 天的教练技术培训后，部门自己主动请命把任务指标追加到 1.2 亿，最后实际完成 1.53 亿。

但是如果把教练技术的功能简单定义为助力销售就狭隘了，我一直认为其最重要的核心要素是“厘清目标，排除干扰”。自察自知的过程就是挖掘自身能量的过程。在教练的理念中，世界上不存在无能的人，人生就是一场挑战和修行，并在不断觉知、修炼、激励、超越的过程中实现自我的价值。教练技术鼓励我们跳出常规和旧有思维的束缚，激发人们找到生命的意义，勇于觉察和改变，去创造无限的可能。

从一个传统酒业的“无名小卒”，到一个酒类电商的“传奇酒仙”。我曾经对电商“看不懂”也“看不起”，我的“触电”，仅仅是因为梦想。然而6年，我却靠电商创造出一个酒类行业的神话，公司估值100亿，抢占超过51%的酒类垂直电商份额，完成7轮融资13.5亿，帮助国内外400多家酒厂开设1000多家网络电铺。

当初，伙伴的漠视、同行的误解、渠道的抵制，都没有阻挡我颠覆酒业销售格局的雄心。从起步时备受质疑的“孤家寡人”，到今天中国最大酒类电商的领航者，我实现的是别人嘴里从传说中的“土老板”到“产业化电商”的完美逆袭。

老乔的《认清自己，世界也会为你让路：自察力训练手册》出版正当其时，教练技术最大的帮助是自我意识的提升，一个人唯有自知，才能开悟和进步。我16年经营企业的经验，恰恰验证了“小胜靠智，大胜靠德”这个理论。智的境界修谦卑心，海至低而江河归流，德的境界修慈悲心，水善利万物而不争。

给老乔发微信的时候，再次违和地发现微信名其实是“小乔”。致“小乔”——我生命中最重要的老师和朋友，希望她的作品因插上理想和爱的翅膀，成为天使，播撒我们每一个人的心田，激扬生命，创造可能！

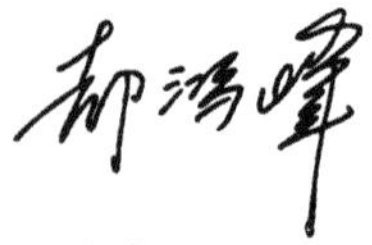

酒仙网董事长兼总裁

2016年4月22日

前言 ｜ 发挥正向教练力量

激扬禀赋，启导宏才，是人本教练的核心理念。在这核心理念的背后，隐含着正向心理学的思想和哲学，即有意识地发挥人的正向能力；挖掘被教练者身上的长处和美德，用正向的情绪引导被教练者，关注对方的成长，而不仅仅关注去除障碍。

启示一：挖掘被教练者身上的美德与长处，产生持久的行动张力。

在传统教练技术的运用中，是什么阻止了人达到最后成果？根据企业教练先驱添·高威提出来的理论，他有一个经典公式：

P（表现）=P（潜能）－ i（干扰）

教练的工作都会体现在这个公式中，即向内挖掘潜能，降低心态干扰，从而提升对方的表现。一个人的表现不佳，并不是他没有这个潜能，而是有更多的干扰存在，从而降低了他的表现。应该说，在这个公式的指导下，诸多教练取得了不错的成绩。人因为有各种欲望，所以有各样恐惧，当教练将被教练人从恐惧中解放出来，就大幅度提升了被教练者的潜能。

正向心理学的理论让专业教练又打开了另一个天空。我们可以通过激发被教练者的优点和长处，支持被教练者提升表现。

正向心理学的研究成果表明，正向的能量来自长处和美德，即人的 24 种长处和美德激发了内心真正的喜悦，并能调动起人的深层潜能。

在教练过程中，我们首先要想到如何激发对方，使之建立并发挥其个人长处和美德，而非把大部分的出发点都设定在如何去改变对方的弱点，或者消除对方恐惧上。

在以往的教练过程中，教练往往为了深入挖掘被教练者“内在障碍”，用各种发问和回应冲击对方的信念。这里面内含一种假设：被教练者内心一定有某种障碍、恐惧，一定有“混账”的一面。因此当教练没有挖掘到被教练者的内心障碍和恐惧，以及由此而形成的固有心智模式时，那么就可能认为没有打开被教练者的空间，或者被教练者不够坦诚。

不可否认，这种教练模式在被教练者遇到内心干扰（i）时，或者负面的心智模式时，可以帮助到对方；然而这种教练模式也容易招来被教练者的抵触情绪。

那么我们能否在问题没出现之前，通过正面力量来支持被教练者呢？正向心理学的观点是：教练更需要通过挖掘对方的长处和优点，建立正向的心智模式，从而提升对方的表现。

有一位被教练者曾对我说，他有一个信念，就是做生意要讲信誉，所以总是按合同约定期限把应付款付给对方。然而他却很少能从合作方得到相同的待遇，总是有人赖账，千方百计推迟付款时间。这位被教练者感到很受伤，觉得自己做人的理念很吃亏，为此纠结。如果是没有学习正向心理学之前，我想我的习惯教练方式应该是厘清对方的目标（在行业中做老大），然后去区分他的信念，比如“守诚信就会吃亏”，进而激励他找到既诚信又能规避赖账风险的可能性。我相信问题也能得到一时的解决，然而，对方的美德和长处并没有得到加强，也就是说对方的内心没有得到成长，只是区分了一些道理和增加了一些合理的避险术而已，以后依然会陷入困境。

然而当把正向心理学作为方向时，我对他说：“正如你所言，你所在的行业整体商业信用状况不佳。在当今这样复杂的物欲红尘中，诚信守信是一种多么难得的美德和长处，在你身上体现出这种美德，而你却开始怀疑自己了。你可以放弃这一美德，在狡诈的商业环境中取得一种心理平衡，但那时，你自己都瞧不起自己。当大家都这样开始了，想象一下你周围环境将如何？”

这位被教练者开始沉默了，其实他可以通过一些方式规避这种商业风险，而不是放弃自己的长处和美德——恰恰相反，我挑战他发挥和扩大自己身上的这种美德，影响整个行业的风气。就像田里种庄稼，除草是一种重要的方法，但比除草还重要的是施肥，让禾苗更加的壮大！

启示二：真实的快乐来自于提升自己的精神层次，内心的修养。

做事先要目标清晰才能焦点集中，凝聚人的资源、精力和时间，避免能量无谓损耗。这的确没错。然而如果教练的工作仅以“目标的建立、目标的分解、目标的检视、目标的达成”为全部内容，会有什么问题？

在当今社会环境下，如果人处于焦虑状态，目标只是徒然增加更多的焦虑；如果人的心态处于过分贪婪的状态下，目标就会成为一种毒药。即使目标完全符合 SMART 系统（目标醒目系统），如果不关注正向心理能量建设，教练技术也可以成为让人们更多地争名夺利的指南针，成为促使人们更加贪婪的催化剂，成为人们忘掉自身提升、一味反映别人缺点的镜子。如果没有帮助人的内在成长，尽管教练技术支持人达到既定的目标，也不能算是出色的教练，更谈不上有使命感的教练。

正向心理学倡导要找寻生活的意义和目的：真实的快乐来自于提升自己的精神层次，内心的修养，而非与他人比较。我们相信只有当人的内在素质发生了改变和成长，自然而然就会导出正向的成果。

启示三：如何在教练的过程中去建立被教练者的长处和美德？

当人处在正面情绪和能量时，就较容易地与他人建立信任、友谊、爱情或者合作关系；而当人处在烦恼忧郁时则恰恰相反。教练过程亦是如此。

然而，如何建立长处与美德，则要从教练自身开始去探索、修炼并拥有。诸如正直、勇敢、创意、仁慈等人格在人本主义的理念里，都是我们与生俱来的特质，只要不断灌溉，滋养，翻土，给予阳光，它们就会在内心的福田中茁壮成长，开花结果。当教练得到这些长处时，也就会更快乐，就更容易影响到他人。

一个教练长处的展现，会使被教练者被这个美德行为激励或者振奋。当我们修炼自己的长处和美德，教练就会发现自己和身边人都有这样的长处，这些长处可以在工作和生活中展现出来，令我们的生活更加成功。

“九牛之人”的故事亦是正向心理学的经典案例。两兄弟都到了试婚的年纪，哥哥为自己挑选了一位相貌平凡、才学普通的女子，并以当地最高规格的聘“九头牛”礼迎娶了她。尽管这项举动令所有人惊诧不已，但哥哥不但坚持如此迎娶，并在婚后也一直遵从最初的信念——视妻子为世上最美丽、最优秀的女人。多年后，弟弟看望哥哥时，被眼前的一幕惊呆了：当年那个毫不出众、相貌平平的女子竟出落得如此漂亮！她身段婀娜娇美，秀发乌黑发亮，皮肤如羊脂玉般白皙，与之前简直判若两人。究其原因，嫂子说：“在没遇见你哥哥前，所有人包括我的父母都认为我是很普通的女人，顶多值三头牛，我也觉得自己没什么特别之处，可是你的哥哥一直坚信我值九头牛，婚后更是善待我。于是，我也相信我值九头牛，并以九头牛的标准来要求自己，慢慢地，我就变成了今天的样子。”

让一个平凡女子完全活出自身魅力的力量来自哪里？来自她身边的那个男人对她的欣赏！让一个人建立正向的素质，最有效的方法就是去理解对方，欣赏对方。学会包容和接纳，这就是正向心理学所引导的方向！所以我们在教练的过程中，要充分挖掘被教练者身上的美德和长处，而不是一味地关注和干扰，不要总盯着目标，要将焦点转到被教练者的内在成长上，充分欣赏被教练者，建立正向的心理能量。

多一点欣赏，用慈悲和谦卑去影响环境和创造美好的生活。

第一章

HOW TO DISCOVER AND ACCEPT THE BEAUTY IN IMPERFECTIONS BY OURSELVERS

不敢想，不去想，不突破：什么是自察力？为什么我们如此需要它？

自察力有多重要

以下这些情节是否似曾相识：

√为了避免过度肥胖，你终于下定决心要减肥。你买了麦片和榨汁机，办了一张小区的健身卡，决心这次一定要成功，可是，不到一周你就抱怨这太辛苦了，“没有办法，我这是家族遗传，真的很难瘦下来，而且我骨架本来就比别人大。”

√你一直希望能把孩子的性格培养得更加外向、活泼，但你尝试的各种方法似乎都没有效果，你为此非常担心——这样的性格会不会给他将来的工作和人际交往带来影响？是我过度担心还是孩子真的在性格上有缺陷？

√你是公司某个部门的主管，虽然领导给你很多施展才干的机会，但你的下属似乎并不认可你，每次下发的任务都无法顺利完成。你多次苦口婆心向员工强调业绩达标的重要性，遗憾的是，效果依旧不明显。你十分苦恼，“到底怎么做才能让他们认可我的态度？我该做什么才能让每个人都全力以赴，积极高效地工作？”

√你害怕当众发言，每次站起来看见周围人的目光，大脑就会一片空白，原本准备好的演讲词忘得一干二净，你心跳加速，紧张不已，同时，脑海中不断为自己的行为感到羞耻，“你真的没有办法做到，还是放弃吧”。虽然你尝试过很多方法，希望能变得更好，但似乎效果甚微，你就是不知道如何消除内心的恐惧。

✓你们公司的产品在业内一直有着很好的口碑，前不久，同行业里的另一家公司找你商谈合作计划，希望借助彼此的优势共同经营，把企业做得更好更大。但是你却担心："这样一来，我原有的优势岂不是就不存在了？"

这些情景都是我在教练过程中经常遇到的，它们有一个共同点：即使知晓到了该改变的时候，却找不到能激励自己的合适的方法，实现心中的愿景。面对这些问题，教练技术会帮助我们建立对自我的觉察能力，找到自主解决问题的方法。

自我觉察力一直是我在教练过程中十分看重的一种能力，即通过自我觉察找到认知的盲点，从而以一种全新的视角看待事物，挖掘出内在巨大潜能，实现外在表现能力的提升。

无数的案例证明，人们可以在学习和表现上释放出惊人的能量，但这并不是通过改变周围的人、事、物而获得的，而是通过消除那些妨碍自己看清真相的信念中的盲点来实现的。

这里所说的"盲点"并非视觉上，而是一种心理盲点或心理误区。世界上没有绝对的事情，即使是我们亲眼所见的事物，也会或多或少受到主观思维的误导，存在认知上的盲区和偏差。此时，我们只是在原有的思维模式下自动化地观察他人或自己——因为某一种行为或表现激发起相应的信念。

从孩提时代开始，我们就不断地收到来自外界的信念，它们可能来自于成人世界、同学、朋友、媒体等。这些信念就像权威一样伴随着每个人的成长，我们依赖它们、认可它们，深信世界和自己就如同其他人所说的那样，并依照这样的信念开始生活。渐渐地，这些"二手"信息在无意识中参与并决策了我们的言行思想，同时令我们的反应变得机械和呆板。

在这样的心智模式下，生命的泉水逐渐干涸，不再新鲜欢畅、生生不息，因为它屏蔽了使自己明澈清新的源头。这个“源头”就是我们认识自我的能力。当这种能力逐渐被外在的力量阻断拦截时，它就再也不会形成汪洋大海，源源不断地为我们枯竭的内心输送营养。此时，我们已经活在了别人的言论中，屈从了他人所授的价值观念。

当我们依赖他人的标准建立自己的形象和行为尺度时，我们就已经被操控了。

比如，爱美之心人皆有之，但这并不意味着当我们看到杂志上铺天盖地的美容、健身、减肥广告时，就要疯狂地买入他人劝诱我们购买的东西。事实上，你购买的是外界传递给你的“人生标准”。按照这些“人生标准”来衡量自己，你感到自己“不够漂亮”或者“身材不够好”，时时刻刻内心紧绷，不能放松，不断以他人的眼光审视自我——这样够好了吗？会获得对方的认可吗？希望自己的容貌变得更好或者身体更加完美当然无可厚非，但并不意味着我们就要被脸上的几颗痘疤和身上的几块赘肉吓得魂飞魄散。

这些我们在生活中接收的讯息和价值观念都让我们以为：这就是我们的声音，我们的信念。可当我们闭上眼安静下来，全身心感受内在的能量场，仔细倾听自己的声音，就会辨别出那是父母的声音或者外界的声音，而并非来自我们自己。

古希腊哲学家爱比克泰德说：“真正困扰我们的，并非发生在我们身上的事情，而是我们对那件事的想法。”一旦觉察到这个真相，我们便可以尝试在一切纷乱中，心怀最单纯敏锐的本心，觉知自己，从另一个角度来观照周围的一切。我们每天都与自我相处，却不懂得如何倾听、感受和关注内心真实的声音，就像我们从未想过阖上双眼，闭上心灵去感受清风的抚慰，体验一种宁静又富足的喜悦。

由于无法感知、体验这份内在的平和，人们常常陷入焦虑、空虚、麻木、愚蠢、丑陋，甚至会深深地自我怀疑。在虚假的心智模式下，内在与外在频繁

“交战”，生活的挫败、苦难的阴影和失意的痛苦占据自我，使我们无法觉察生命的整体，带来自我认知的“盲点”。

正是这个“盲点”的存在，不同人看同一件事情常常会得出截然不同的结论。就像同样是画纸上的一个“圈”，厨师会说这是一个鸡蛋，化学家认为是氧原子，女人说是一面镜子……人们所见到的只是内心投射出来的影像。这是在长期的经验积累下形成的认知习惯，这种思维的错觉排斥了对更多信息的感知，限制我们看到更多的可能性，它使我们的思绪陷入层层迷雾，就像一个身处大雾中的船长，辨不清前进的方向。

教练要做的，就是帮助我们看清航标，找到真相。同时，引导我们去觉察那些被忽略、淡忘的角落，倾听脑海中的声音，既不掩饰也不逃避，更不去批判，只是平静下来体会内在的生命能量，向内觉察，认识自己。

这便是教练的工作——帮助对方洞察自己真实的想法，提出有效的问题，激发对方的信念。不久前，一位在中学里工作的学员向我诉说她的烦恼。35 岁的小晴是一名中学老师，由于在工作中表现突出，校长想提拔她做教务处长。但小晴认为这个职务需要付出更多的精力和时间，而自己当下最想做的是照顾好家庭，所以拒绝了校长。然而，一段时间后，她发现校长对自己的态度逐渐冷淡了，这令小晴十分苦恼。

“校长对你的态度是从什么时候开始的？”听完她的讲述后，我问道。

“我想，应该是从我拒绝他让我做教务处长这个职位开始。”小晴显得忧心忡忡。

“你认为是什么原因呢？”

“一来他比较忙，二来，一定是对我很失望吧。”

“失望在哪里？”

“觉得我不够上进，不想担起这份责任。”

从小晴的“我想”“我觉得”可以发现，她所认定的“事实”源于自己的判断，并非事情的真相。所以，我试着让小晴变换看问题的角度，怀着同理心去倾听与观察他人。“让我们换位想一想，如果你是校长，会有怎样的感受？”我问。

“当然也不会开心。”

“对于做了不违背自己内心的选择，你现在的感觉怎么样？”

“做我自己的选择，当然很开心了。”

“好吧，根据我们刚才的对话，我可以肯定两点：首先，你实现了你的目标，做出了自己的选择，所以你很开心；但另一方面，校长想要提拔你的目标没有实现，所以他不高兴，因而对你疏远了，是吗？”

“我知道这让他很为难，但我也因为这件事感到很烦恼很委屈，因为我这样做也没什么错啊。”

“当然，你没有错，你的领导也没有错，只是你在强辩的时候并没有正确地区分到人与事：在你拒绝领导的任命时，你就知道他会为这件事情而不开心，但不开心并不代表他对你不满意，否则，也不会提拔你。从另一个角度说，不断在内心为自己辩解‘我没有错’，只会削弱你的行动力。不该发生的事情发生了，回过头去思考原因已无济于事，你根本不需要赞同它或者怪罪它，你只需单纯地看待事件本身，问自己‘这件事情发生了，现在我能做什么’。没有人希望自己失业或者身体出现意外，可是一旦它被我们遇上，与其不停纠结于‘这么倒霉的事不该轮到我’，为什么不采取行动让事件向良好转变呢？如果你为改善你和校长之间的关系做些什么，内心的挣扎便会在行动中被切断。”

我们每个人都有一套看待和处理问题的独特的思维模式，并借此来评价周围的世界，赋予其意义，认为那就是真实的世界。这些夹杂着个人偏好、意见、感觉的信念左右着我们的决定，直到有一天被真相逼入死角，才开始反省和面对：我曾经抱有的想法真的对吗？真相会不会是另外一个样子？此刻，自由之光才会透过内心的缝隙投射进来，为我们开启另一条出路。

如若无法觉察自己的思维模式会给自己和他人带来的负面影响，我们将永远无法从局限中解脱。小晴一直执着于“我很无奈”“我没有做错”的情绪里，试图与真相争辩，此时，她只会越发感到受伤或心理不平衡。其实，真相并没有那么糟，当我们与它和解，行动力自然就会简单明了。

信念和假设潜藏在人们的内心，不易觉察，但又时时刻刻影响着我们的行为，它们构成了一个心智模式。心智模式就像一个自动操作的内在系统，在不知不觉中左右一个人的行为和对外界做出反应。由此可见，所有的后果或成果不是根源于我们做了什么，而是根源于我们为什么这样做。

经常迟到的人会说：“对不起，我时间观念不强，下次保证准时。”他把自己经常迟到的表现演绎为自己“时间观念不强”，这是一个负面的信念，对改变现状并没有帮助。而且，“下次保证准时”只是在行为层面的改变，心态并没有变——因为“我这个人时间观念不强”。因此，我们想要支持他进步，就要帮助对方在心态和信念上做好区分。

如果是时间观念不强，他可以选择“早到”而不是“迟到”，之所以说这番话，目的只是希望“不被指责”或者“避免承担责任”。于是，又可以将此区分为“是真的想做好，还是怕被批评、指责”，为此，我们可以直接点明对方的用意，告诉他“我认为你只是为自己找了一个很好的借口，但它对你的进步没有丝毫帮助”。真正能为行动带来改变的是，从心态上的“你让我早到”转变为“我要早到”。

教练的目的就是帮助自己和别人去改变，探寻新的可能性。除了请人来对自己进行教练或者学习教练他人，我们还可以通过自省的方式培养自我觉察的能力。最好的方法就是对于已经发生的事情，只观察，不做分析和演绎，“此刻我的内在发生了什么”，尝试这样问自己，提升内在的一致性和清晰度。当你开放地与内在相处，所有的不快乐和挣扎都会消融。

德国哲学家尼采说：“知道‘为什么’而活的人几乎能克服一切‘怎么办’的

问题。”唤醒对自我的觉知帮助我们看到内心的真相，由此带来的行动会准确而清晰。聚焦于内心真实的信念，世界原本的喜悦与丰盈都会被带回我们的生命。

欲望和工具的错位：“要我做”VS“我要做”

人在旅途中，我们都拥有一定的知识与技能，也会在与自然和社会的互动中形成自己的心态，可以说，我们的内在与外在并不匮乏。既然如此，为什么还有人会感到内心空乏，甚至甘于当下的平庸，没有动力实现真正想要追求并应该获得的生活？

对此，让我们回到自己的内在，完全聚焦于自己的感受，问自己：

- 是否了解自己，是否知道自己究竟需要什么、追求什么？
- 是否知道事情的来龙去脉？
- 心态与行动与所想一致，还是背道而驰？
- 所拥有的技能，所采取的方法是否始终朝着你所追求的方向前进？

……

当我们对内心做了这样的区分后，就会明白，停滞不前是因为我们对自己需要什么、究竟是什么样的人并不清晰，缺乏的是自知自察。这使我们无法觉察到“要我做”和“我要做”的区别，因为一切看起来都不过是我们在被动地忍受生活。这样的后果是，你无法为自己争取更多能量，只会在负面消极的情绪和迟缓的行动中一点点损耗行动的热情。

未来会带给我们怎样的惊喜，取决于我们当下这一刻的心态。“要我做”的心态是被动的，它迫于外在压力而不得不为之，即使做了也非心甘情愿；“我要做”是我在觉察到内心本身的意愿后采取的行动，是主动的，一切行动和结果由自己负责。

要将生命情境从“要我做”转换成“我要做”的模式，需要具备两个条件：一方面是在信念上有转变，真正看到“要我做”的不足和“我要做”的价值，并在心态上愿意实现这个转变，“我要做”才可能发生；另一方面，通过信念和心态上的转变，内心愿意积极主动，“我要做”才能够成为现实。

这是一个很难完成的改变吗？不，这是我们原本应当遵从的信念。你有什么样的信念，就会获得什么样的心态，从而伴随着相应的行动与结果。信念和心态决定了我们本该活在自在轻盈的状态里，而非内在的冲突下。这个开启“要我做”到“我要做”的过程，就是帮助我们发现身上的优势和盲点，挖掘潜在资源和能量的过程。

值得关注的是，很多时候，即使教练激励出“我要做”的意愿，但因为目标与手段的相互偏离，我们同样无法取得预期的成绩。事实上，欲望只是内心渴望的开始，更重要的是行动计划，即使怀有美好的愿景，但若行动苍白无力，则一切都不会改变。就像我的一位学员，我问他：“你这个季度的销售目标是多少？”

“100 万！”他回答得铿锵有力。

“你每个月上几天班呢？”

“大概 22 天左右。”

“这样算来，你平均每天要完成一万五的销售额。”我替他预估了一下。

“没错。”他仍旧显得非常自信。

“那么，为了完成每天一万五的业绩，你需要拜访多少顾客，你能保证每一位顾客都能帮你完成预期的成绩吗？”

“这个……我还没想过。”对方不好意思地笑了。

“那就放弃这个目标吧”，我毫不客气地说，“它已经不会实现了。”

其实，我很钦佩这位学员敢于设定目标的决心和勇气，遗憾的是，他的欲望和工具在衔接时发生了错位，无法拿出一个能操作的具体方案，以至理想无法达成。

此时，教练可以通过对话，以调适对方的信念和心态，使对方在被教练的过程中自己找到答案，从而积极地拟订行动计划，继而创造出符合目标的未来。

这一教练过程归纳为四步教练技巧，它由四个步骤组成，分别是：

厘清目标：我们做事的真正目的；

反映真相：我们目前的状态和位置；

心态迁善：我们面对这件事的态度；

行动计划：我们制订切实可行的计划。

如果我们按照顺序专注于这四个阶段，“我要做”的行动力便会被大大激发，增加行动的精准度和速度，从而抵达目标。

这四个步骤可以更加系统有序地厘清现状，优化我们的做事方法。无论是想要做一个季度的健身计划，还是制订公司下个月的业绩目标，无论是想要获得更融洽的家庭关系，或制订更详细有效的学习计划等，都可以在这个模式中找到提升表现的方法。

在四步教练的过程中，还需要结合聆听、发问、区分和回应四种能力来实现。

●聆听

人要聆听，通常声音来自于两个方向，一个是外部世界的声音，一个是内心的声音，要想有效聆听到外面的声音，先要关闭自己里面的声音！

我曾经读过这样一则故事：一个农夫在谷仓里劳动，不知何时把心爱的怀表弄丢了。他心急如焚，可是找了半天也没找到。这时，他看到一群孩子在外面玩，就说："孩子们，请帮我找怀表，谁先找到我就给谁一块钱！"孩子们一窝蜂地冲进谷仓，找了大半天，结果还是两手空空。天色晚了，他们一个个回家去，但是有个孩子留了下来。他说："我不要钱，但是我能找到你的怀表，再给我一个机会。""好吧，那真是麻烦你了。"农夫说。

这个孩子再次走进谷仓，找了一个位置，静静地坐下来。一切都安静了，四下里悄然无声，但是有个小小的声音从谷仓的右后方角落传来。"滴答，滴答，滴答……"这孩子像猫一样轻轻地寻声走去，在一堆稻草中找到了怀表。

对于找怀表这件事，大家表现不同，结果也不同。农夫没有找到是因为他只听到自己心里的声音——"不能丢，一定不能丢，它太重要了"；一群孩子没能找到怀表是因为他们心里说"一块钱！一块钱"；最后那个孩子成功则是因为，他把这些外界的声音全都关闭了。只有在不受任何干扰的情况下，才能听见怀表细微的"滴答"声。

在人际交往中，要提升聆听能力，需要我们减低内心的干扰，把焦点放在讲话人的身上。往往，我们在跟别人谈话时，心里还有其他一些东西：孩子放学了谁去接？晚上出席聚会穿哪件衣服？我承诺同事的事情还没做到……或者就是带着既有的关于这个人的评价来倾听。就像朋友说"我很喜欢昨天买的那条裙子"，你会想"你品位怎么还是这样啊，这个牌子的衣服太难看了"或者是"我就知道你有眼光，我就知道你会喜欢那种款式"。在这种聆听模式下，我们自动地根据内在思维模式作出反应——听到的只是我们先前固有的看法。这使得我们的聆听方式是个人化、自动化的。就像以下这四种模式的干扰：

干扰一：一边听一边批判否定；

干扰二：一边听一边演绎，实际是听自己的；

干扰三：选择性地听自己喜欢听的；

干扰四：只是表面装作在听。

在这种模式下，我们的焦点都在自己，没有放到他者或者外界，听不到关键。教练技术要求我们，在聆听时放下已有信息的干扰，保持内在的平和，就像仓谷里的小孩，想要听到怀表的声音，首先要把外界的干扰降至最低。

当我们将焦点转移，才有可能达到以下最佳的聆听态度：

忘我（放下自身的想法、情绪、身体状况等任何干扰）；

专心（专注于说话人，非常认真）；

求知（对传递的信息的一种好奇心，强烈地想了解）；

开放（坦诚、直接）。

●发问

启发性发问是教练与被教练者互动过程中的一种重要能力，在教练过程中很常用。通常，我们会看到一个优秀的教练在与学员互动的过程中只问不答。事实上，教练启发性发问是为了帮助被教练者自己找到答案，是支持对方真正意义上的成长和提升。

在后面章节的案例中，我们会经常看到教练用问题去回答，目的是让当事人回到自己的内心，当心智不再被制约和束缚的那一刻，自己做出选择。因而，当我们在教练他人的过程中，保持中立的态度非常重要，教练无需将自己的意识投射给对方，相信他人的智慧，并且为对方留下思考的空间。教练非老师，永远不需要教别人怎么样，只需要启发对方实现自己真实所想就可以了。

教练的信念是——真正的答案就在当事人那里。人的大脑是一个智慧的宝库，在平常的生活中，每个人的智慧并非有很大差别，主要是运用的能力有差别。古希腊哲学家苏格拉底认为，人生来就已经知道所有需要知道的知识，只不过在漫长的成长过程中渐渐遗忘罢了，所谓的真理其实就是“回忆”起万事万物在他们心中本来的模样。

以下技巧可以帮助我们在教练对方或者教练自己时更加有效地发问：

1. 围绕成果、体验、学习去发问

教练的目标是支持对方拿到成果，所以检视成果会发现对方做的如何。然后，从成果中去学习，看到差距与提升的方向。最后，要询问对方的体验，体验能反映人真实的心态，只有及时调整心态，才能更好地拿成果。成果、体验、学习，这是一个发问的黄金三角形。

2. 问题简单明白

问题不会超过 20 个字，超过 20 个字说明你没有想明白，问了对方也不会明白，所以，问题要简单明了。

3. 每个问题相关联

问题要与主题紧密相关联，才能环环相扣、迅速收集资料、单刀直入、深入挖掘、洞察到信念心态系统。反过来，一旦偏离主题，就会走很多弯路。比如，你的员工今天没来开会，你问他：“什么原因没来开会？”他说：“我客户请我吃鲍鱼了！”你问：“什么鲍鱼？好吃吗？”……这就掉进了员工的事件里面，没有直接去反映出他的心态。

4. 每次问一个问题

问题专注于一件事上，而且每次问一个问题，连续的问题会让对方无暇深入思考，不知所措。答案也不会有方向性，所以，每次问完一个问题就让自己闭上嘴巴去聆听。

5. 沉默的张力

有的时候，问完问题双方保持沉默，此时“无声胜有声”，不问会比问的效果好。对方不出声有可能在思考，也有可能在做斗争决定有些话要不要说出来，还有可能是真的没想到。每个人都不喜欢尴尬、冷场的气氛，教练可以故意利用这个气氛制造出张力，让对方说得更多、说得更深，急中生智说得更到位，甚至从来没想过的会突然说出来。利用这点有时可以出奇制胜。

6. 留意对方的反应

问完后停止说话而去留意对方的反应。对方的所有反映都说明他的心态，比如说“他是认真还是应付”“是坦诚还是保留”“迷茫还是清晰”……留意通过他的表现观察对问题的反映，为下一步教练方向提供参考。

7. 问题生活化

避免用太多的专业名词。专业用语太多会阻碍沟通，要注意用词自然简单，生活化。比如，“那一刻你在想什么？”“我给你一个回应”“做感召了吗？”“你留意到你一拿成果就有不死火了！”……说多了术语会让人很反感。

8. 立体式发问

平常人沟通是线性发问，你说到 A，他会问 A 的问题，说到 B 会问 B 的问题，说到 C 再问 C……而教练的发问是立体的，无论你说什么我都会问和你人有关的问题。你说到 A，他会问人的问题，说到 B 也会问人的问题，说到 C 再问人……人是圆心，事是圆的周长，组成一个平面。怎么立体呢？如果把圆当成底的话，立起来就像一个“圆锥”，“圆锥”的顶尖就是人的心态和信念。问到最后，凸显本质，看到一头完整的大象。

●区分

区分的目的是为了使我们更具有自我洞察力，从而看到事件的另一种可能。在教练过程中，我们常常需要帮助对方区分事实和真相。例如，我有一个朋友，她和公司里的一位同事非常不合，事实上，两人并未发生任何业务上的竞争和冲突，朋友只是讨厌对方。在这种悄无声息的“对立”状态下，公司的氛围尴尬极了，也因为不认同对方，朋友在工作中遇到了不少阻力。得知情况后，我问她：“你喜欢吃话梅吗？”

对方愣愣地看着我：“你知道我不喜欢吃酸的。”

“那么，如果我在你面前吃话梅，你会觉得我有错吗？”

“开什么玩笑”，她笑着说，“当然不会。”

“那你会觉得喜欢吃话梅的人很讨厌，并且放弃跟他相处吗？”

“你到底想问什么？我当然不会这么做。”

“所以，我想说的是，”我盯着对方的眼睛说，“你不喜欢某个东西，并不代表它就是错的，你可以不喜欢话梅，也可以不喜欢吃话梅的人，但是，这和你与他一起工作有什么直接关系呢？”

这就是事实与真相的区分。她讨厌对方是事实，但真相才是她真正需要的。如果因为讨厌或者看不惯对方就放弃与他在工作中的沟通，那么，自己的工作也很难继续下去，这一定不是她想要的。

当然，区分的能力是通过在实践中不断磨炼来提升的。一定要说明的是，同样的主题，在不同的时间、不同的地点、针对不同的人，可能会有不同的区分。区分没有标准答案可以参考。

这里面我们撷取一些典型的、常见的心态案例进行区分，目的是帮助初学教练技术者对区分能力有初步的掌握，之后能够举一反三。我们先列举一些题目，你可以先自己进行区分，然后参照后面的答案，检视自己的区分结果。

自责 / 指责 / 负责
意向强烈 / 急于求成
沟通 / 争辩
主观 / 客观
严肃 / 严谨
我希望 / 我来做
知道 / 做到
焦点在外 / 焦点在内
我赢 / 共赢
顽固 / 坚持
目标 / 成果
不喜欢 / 不愿意
利益 / 立场
情绪 / 情绪化
理性 / 合理化

以下这些区分只是区分了其中一个方向，并不是唯一答案，仅供参考。

a) 自责 / 指责 / 负责

自责是向内的，指责是向外的，二者都是偏激的，不中立的；负责是中立的、积极的。沉浸在自责和指责的状态中，我们的能量也会变得消极、被动，缺乏行动力，相反，运用负责任的心态则使我们能更好地应对现实。

b) 意向强烈 / 急于求成

意向强烈是承诺于目标，有计划有激情地去创造。

急于求成是人性的弱点，想侥幸地拿到成果，心态浮躁，不脚踏实地。

c) 沟通 / 争辩

沟通是平等的，有明确目标，通过交谈解决问题或达成共识。

争辩是压倒对方，为了分出胜负，证明自己的观点是对的。

d) 主观 / 客观

主观是人的意识所反映出来的一切。

客观是人脑以外的物质世界。

e) 严肃 / 严谨

严肃是人有原则又不容易接近的表情。

严谨是有原则又认真细致的态度。

f) 我希望 / 我来做

我希望是不用自己做，想别人使事情发生。

我来做是我使事情发生。

g) 知道 / 做到

知道停留在“我明白了”“知道了”思维的层面，但世界不会因为我们知道多少而改变。许多人明白了就不去做了。

做到是通过行为拿到成果。世界因做到而改变。

h) 焦点在外 / 焦点在内

焦点在外是忘我，专注于外面的人和事。

焦点在内是焦点关注于自身的想法、情绪、行为等。

i) 我赢 / 共赢

我赢是一种结果，一种是我赢了自己，是真正赢了；另一种是赢别人，有可能是赢了，有可能是输了，也有可能双方都输了。

共赢是一种心态，在我赢的同时让别人也赢，前提是我要赢。

j) 顽固 / 坚持

顽固是顽强地固执于过去的东西。

坚持是基于未来的目标。

k) 目标 / 成果

目标是一个大方向，是无形的，或是基于大方向将其分解成若干小段的任务。

成果可以是有形的，也可以是无形的，是目标的检视点。

l) 不喜欢 / 不愿意

不喜欢是活在自己的标准当中，不符合自己的标准就不喜欢，实质是没能力喜欢对方。

不愿意是任性、执着于小我的舒适区。

以上两点都是心态教练学习中的大敌，不放下这些，在自我成长的道路上不会有突破。

m) 利益 / 立场

教练指的利益，是所有能给“小我”带来的方便与好处。

立场是“大我”表现出来的正直、中立、客观等正面积极的态度。

在教练过程中以上两点往往是成反比的，很多人过度追求利益就会为失去立场而苦恼，过于执着立场也会影响利益，最佳的平衡是坚持立场做人，得到合理的利益。

n) 情绪 / 情绪化

情绪是人身上与生俱来的纯粹的、自发的能力。

情绪化是一种人为的计谋和技巧，用来操纵别人。

o) 理性 / 合理化

理性是人运用思维，客观、中立、逻辑分析时的表现。

合理化是运用理性来保护自己，逃避压力的工具。

●回应

回应是为了帮助对方或者我们自己从虚假自我中解脱，发现真实的内在。

所谓“良药苦口利于病，忠言逆耳利于行”，一剂良方、一句忠言固然难得，但若要发挥作用，还需在送出时考虑到对方的状态，同时要掌握时机，秉持一颗爱人之心。有人形容教练“时而潜移默化，润物细无声；时而当头棒喝，激励挑战”，这是教练回应的生动映照。

教练与被教练者之间，是有承诺、有目的的，被教练者对于改变的痛苦或不适早有思想准备；而日常生活中人们没有这方面的思想准备，也不一定想听到一些不舒服的言辞或者建议，这样说话就可能会伤害到别人，影响人际关系。也正因为这一点，初学教练的人即便在教练过程中，也很难用出建设性回应。其实，建设性回应也没有谈虎色变那么可怕，如果生活中真想运用的话，也有方法，就是先得到对方允许，建立好教练关系后一样可以使用。

回应建立在立体式聆听、360度区分、启发式发问的基础上，所以在它们后面出场。经验丰富的教练在运用这些能力时，未必会严格遵守前后顺序，但建设性回应一定是有根据的，是凭接收到的信息做出选择。

作为教练，“建设性回应”的方向可以概括如下：

方向一：引发对方自省，并看到自身盲点；

方向二：认清自身需要学习及改善的地方；

方向三：反映现状，令对方清晰目前的位置；

方向四：引发对方发现更多可能性。

要做到这些，需要看到有可能走偏的方向，或进到的误区。与“建设性回应”相对的就是“破坏性回应”。破坏性的回应形式有：

破坏一：争辩——“你是错的！”“你这样做不对！”（为了证明自己是对的，对方是错的）

破坏二：打击——“瞧你那熊样儿！”（与对方的社会标准、文化差异、价值观发生冲突，产生了情绪对抗）

破坏三：讨好——“你太了不起了！每天起那么早！”（心里想在对方身上得到好处，因此出卖了立场）

破坏四：发泄——“这么笨！去死吧！”（对对方不满、不耐烦、有情绪）

破坏五：讽刺——“穷得就剩钱了！”（带有偏见，瞧不起对方）

在教练的范畴内，破坏性回应不属于回应范畴，它是一种破坏性的批判，具有强大的杀伤力，就好像在拿一个“哈哈镜”照人一样，照出的是歪曲的事实和偏见。

除此之外，还要留意被教练者接收回应的状态。对方有可能是积极地接受、面对和自我检视，也有可能是抗拒、解释、自我保护、辩解或选择性的接受。这时教练要及时调整对方及自己的状态，避免陷入解释和争辩之中，更不能不让对方说话，否则会令教练的效果大打折扣。

列出教练技术的四种能力，是为了让大家在接下来的章节中，能更好地结合具体案例，进行自我聆听、发问、区分和回应，实现自我检测和练习。在本书后面的章节中，我将通过非常详细的实际案例帮助大家掌握如何运用这些方法。

对过去执着，还是对未来不安

许多人的无助、痛苦、脆弱、焦虑都来源于无法让自己的思绪聚焦当下。仿佛我们不是生活在过去，就是恐惧或幻想于未来，却从来不曾安心平静地接受当下，接受此刻的美好。

以下是我归纳出的三种逃避当下的情境。

【沉迷于未来的美好幻想】

我曾经在课堂上做过一个活动，就是给学员送手机试用，条件是每隔两小时你必须接一个电话，需要回答两个问题：你现在在哪里？你最想在哪里？

这个活动的结果很让人惊讶，但是又合情合理。这两个问题的回答模式般是这样的：

你现在在哪里？

在办公室啊，忙死了。天天这么累，不知道什么时候到头。

你现在最想在哪里？

当然是下班后，在小摊店和哥们一起喝酒，聊天。

你现在在哪里？

哎，和一些朋友在聊天，都是说些无聊的话题，没劲。

你现在最想在哪里？

想和女朋友一起出去散步，还是她最理解我体贴我。

你现在在哪里？

哎，在陪老婆逛超市。

你现在最想在哪里？

最想一个人待在家看美剧。

……

在这些回答中，每一个人都在畅想“以后”，觉得快乐是做完现在手头这件事就能得到的，是过完今天后的明天才会出现的。就像我们的成长经历，小学盼中学，中学盼大学，大学盼工作，总是希望压力会越来越小，于是，所有的美好都在“将来”，现在都是“遗憾”，不知不觉中，时光荏苒，我们的目光却仍在眺望远方。

【设想未来的灾难性可能】

明明不会发生的事情，却忍不住考虑最坏的可能。常用的句式如“如果……怎么办……”“万一……会不会……”“我就怕……”从而产生内心的焦虑和恐慌。

很久以前，我认识的一位朋友，她喜欢留下家里用过的各种各样的容器，比如纸盒子、空瓶子等，后来，这些东西在她家里堆得越来越多，越来越占地方，终于有一天，我忍不住问道：“我从来没见过你用它们来装东西，为什么还要放在家里占空间？”她回答道：“因为我觉得自己迟早用得到。”遗憾的是，绝大多数容器都不会被再次使用，最终还是被遗忘，布满灰尘，并且，她每次打扫房间时都要抱怨一句：“东西太多真是不好收拾！”

既然用不到，为什么不下决心扔掉呢？觉得浪费？觉得万一需要找不到怎么办？然而当下这一刻，对我们来说，容器已经足够了。

从心理学理论上讲，我们天生就有很强的负面倾向，会格外放大危险的可能性，这是保护我们生存的本能机制。你是否觉察到当自己陷入焦虑、担忧的情绪中时，这样的信念会对你产生怎样的影响？当你带着这份觉知去区分自己的心智时，就会发现，有答案的才是问题，没有答案的则是焦虑。你愿意为自己做出哪一种选择？

【沉浸于过去的伤痛或追忆逝去的美好时光】

就像失去了儿子的祥林嫂，一次又一次愤愤不平地抱怨，陷入“过去的泥沼”，不断反刍痛苦的味道。

一位学员曾向我抱怨自己的家庭关系陷入了麻烦，他说：“我和太太的关系很不好，想离婚，但是考虑到小孩只有四岁，不忍心，所以感觉很为难，不知怎么选择。”

我于是问他：“关小孩什么事呢？难道你不想离婚只是因为小孩，不是因为太太？这样就只是把借口找在别人身上。你结婚几年了？”

学员说：“7 年。”

“才 7 年啊！”

“都 7 年了！”这位学员不禁感慨道。

我忍不住大笑起来，“你嘴里的话已经出卖了你心里的状态，‘都 7 年了’，那表示你已经厌倦了？想换一个了？”

学员有点儿不好意思，“大概是我们平时不大沟通，所以关系才不好的。”

“不是沟通不够，而是你们在沟通中多半讲负面的东西，不断吐露破坏彼此关系的言辞。回顾一下你们一般为什么而吵——为‘过不去’。不让事情过去就是在跟自己过不去。与其不断累积负面的东西，不如思考一下将来——你希望与太太形成怎样的关系？想明白之后，从现实着手开始努力。”

我们是否也常会被过去的事情分散精力？不论它是正面还是负面，都被我们的记忆牢牢地抓住？那些经历过的痛苦或是获得的荣耀，都会被挂在嘴边在脑海中思来想去？过去的经验和积累强化了我们对自己虚假的认知，而事实上，我们并不需要它。

当我们的心智认同依然无止境停留在过去或者被未来占据，我们就是借着回忆和希望而活，这令我们无法认同当下，仿佛“此刻”只是想起来时才会光顾的地方。过去能带来安全感，未来则意味着解脱和新的开始，虽然都是幻影，但被我们赋予“深意”之后，更加璀璨夺目，好似有一层光晕令人着迷。

然而，愈是关注过去或未来，我们就愈加不能充分利用当下——生命中有且只有一次的宝贵时刻。没有任何过去值得惋惜，也不应该期待未来会遂愿，一切只在当下。当下时刻是一切能量的来源，也是内心走向平静的关键。相反，如果我们依旧关注过去或未来，就无法从旧有的信念中挣脱出来，无法和过去的固有习惯相分离。

心智的局限就在于我们习惯待在令自己感到舒适、安全的状态中，当新的事物出现时，即使我们很想去体验、接受，但却有一种无形的张力在束缚着，拒绝改变、拒绝好的意见、更加拒绝走出自己的“领地”，或者只能走两步退三步。真正的力量蕴藏于对自我的觉知中，此时我们应感谢自己生为人类，有机会去反思，有机会通过训练获得足够的自察力，觉察出自己当下的思维是创新的还是停留在过去，是为自己开阔了一个全新的世界，还是又一次被旧有的困顿拉了回去。有了这份清醒的自察能力，我们做人做事和生命状态才能有不同的结果。

随着旧有不实的信念一一消失，取而代之的将是有益美好的体验。让我们从那个否定当下的旧的心智模式中解脱出来，把注意力聚焦当下的觉知中——目前正在做的事情，只关注这一刻的内心感受。具体一点儿，就是吃饭时吃饭，睡觉时睡觉，不被不相干的事情分心。呼吸、走路、交谈、读书……我们当下所做的每一项活动，除了它本身所能带来的乐趣之外，没有其他目的。去公园散步，不是为了赶时间去见某个客人，而是为了呼吸新鲜的空气，自我愉悦；读书不是为了能够有朝一日能够被人夸奖或是面对众人侃侃而谈，只是为了“我只是想要阅读”；学习园艺不是为了想要忘记过去的烦恼，而是为了享受当下的简单充盈……倘若做一件事的同时还想着其他的事，阅读时还想着昨天的烦心事，听音乐时还在想着下周的开题报告……思想总是游荡在别处，就破坏了那件事本身带给我们的欢愉与满足感，也可能永远无法体会这一刻的从容笃定与自在平和。

体验当下某种状态的唯一方式，就是走进它并拥有它，同时将我们内心的爱和感激释放出来。选择能够支持自己去感受这些感觉的想法和行动，我们就能更自如地将这一刻的丰盛喜悦带到生命中。那些生命里所有看似平凡简单的事件，唯有专注地投入，才能体会其中的乐趣和真谛。

而今我们的思绪越来越无法专注于当下，手机、电话、网络、广告，无论置身何处，总有随处可闻的声音，随处可见的文字。按下遥控器就能不停地换台，看不同的节目，但却很少能专注某个节目从头看到尾；动动手指点下鼠标，电脑页面迅速更新，可哪一条新闻被我们细细阅读、静静思考……在这样碎片化的环境下，现代人的专注力大大降低。不仅如此，我们还容易过度思考，于是，焦虑症、抑郁症和狂躁症这些专业名词扑面而来。

如果这样，我们不妨尝试一种冥想式的练习：

◎闭上眼睛，使自己的思绪回到当下，专注于感受你现在的呼吸、你听到的声音、闻到的味道、脑海里一闪而过的想法；

◎接受现在脑海里出现的一切，但不做演绎、不加判断，只是静静看着它。即使偶尔走神，也无大碍，只需慢慢回到当下；

◎这样做的目的很简单，就是把我们的思绪从过去、未来拉回到现在，感受此刻。可以说，这是一种练习的技巧，也是一种生活的态度。

当我们通过调节身体和心灵慢慢回到当下，会忽然感觉自己被无边的静谧包围着，贯穿渗透整个身心。让行动伴随当下这一刻的觉知，这样，无论做什么，我们都会带有效率和质量，不再惶恐不安或犹豫不决。

我们可以应付现在、此刻，但是无法再回到“过去”，处理“未来”。当学会做自己思维的观察者并尝试与它对话、亲临它时，我们会享受到真正的内在安然，会惊讶自己还能这样自在地享受生活。

对内学习自己，对外采取行动

习惯是人们在长期的经验积累中逐渐形成的，它影响我们看待事物和做事情的方式。我们之所以依赖习惯，是因为它提供事件的可预测性，提供已知与可靠的安全感。

因为执着于习惯的框框，不知不觉中，我们常以自己的信念和假设来看世界。透过一双“过滤的眼镜”，我们选择性地去看自己想看到的，也就是说，其实我们常常看到的是自我的演绎，而非事物原本的状态。

以下是四种典型的信念模式，它是否常发生在你的身上？

模式之一：拼命证明“我才是对的”！

模式之二：“我就是个倒霉鬼”——等待他人来“拯救”。

模式之三：美好的愿景在脑海里翻来覆去，永远只差“行动”这一步。

模式之四：对现状无能为力＝漂亮的借口＋伤心的理由＋现实的困境。

信念和假设潜藏在人的内心，不易觉察，但又时时刻刻影响着我们的行为。那些虚假的信念根深蒂固，常被人们当作对现实状况的解释，这是很危险的，因为——它们都是谎言，却让我们信以为真。

我认识一位现在定居澳大利亚的全职妈妈，她三十出头，跟随丈夫来到悉尼已经八年。八年来，她一直在家照顾小孩，没有工作。好几次，她都有出去工作的机会，但最后都以各种理由拒绝了。后来的日子，她对自己的生活越来越不满意，想改变，却又担心自己能力不够。

“我该怎么办？”这位全职太太找到我寻求支持，她看起来很憔悴。

“能不能告诉我，你目前犹豫不决的主要原因是什么？”

“我希望得到一份工作，但又担心自己没有工作经验，应付不来。”

“那么，能不能放开刚才提到的‘担心’，只是谈谈你的目标，你想要完成的事情？”

“我想要在今年找一份自己喜欢的工作。”她放下茶杯，眼神微微眺向窗外，忽然有了光彩。那一刻，我仿佛看到了她内心真正的信念和亟待鼓励的勇气。这正是教练工作的一部分，帮助对方把潜藏在内心深处的“我想要”的东西挖掘出来，激发对方将其订立为下一个目标。

“你有为此做过哪些调整吗？说明确一点儿，比如你都去哪里找过工作？”

“不久前我应征过一家书店的服务员，但是被拒绝了。”她垂下眼皮，不好意思地笑了笑。

接下来，我给她的建议，就是抛开那些不能提供任何帮助的顾虑和担心，继续找工作，直到求职成功再来找我。两个月后，我收到了这位女士发来的E-mail，她说自己目前在一家幼儿园当老师，虽然薪水不高，但是很有成就感，她很享受自己目前的状态。半年后，我去悉尼出差，又一次见到了她，相比此前见面，她明显年轻开朗了许多，“除了工作，我还利用闲暇时间练习瑜伽，周末学习插花，这都是我以前根本无法想象的，以前我总是担心自己无法应付这些事情。”

事实上，当我们不断质疑自己的能力时，就只能接受平庸的生活，“我无法做到”这样的信念只会让我们看到自己糟糕的一面，干扰我们原本渴望去做并且有能力做到的事情。直面问题，抛开固有信念的偏见，拒绝自欺欺人的谎言，才能生活在真实的自我当中。

信念里的很多东西都是虚构的，但正是这些虚构的东西导演着我们的人生。教练的责任就是帮助被教练者进行“区分”，通过聆听与发问，为对方区分到一些信念上的差异，再发问或回应给对方，令对方思路清晰。如果我们因为担心做不到、达不成自己想要的结果而一直墨守成规、故步自封，最终只会把自己拖垮；相反，勇敢地迈出第一步，相信完全可以解决的时候，身心会很轻松，状态会更好，距离达成目标也就更近一步。因此，重要的是，我们必须厘清每个阶段的目标，觉察到内心的期望，才会拨开信念上的迷雾，清晰地看到事实。

人们看不清自己，主要是两个原因，一是存在盲点，没有内省的习惯，总认为自己的想法是正确的，所有不对都是因为别人；一是恐惧，不敢相信原来自己的真实状态不是自己所认为的，不相信“原来我可以做得更好”或者“其实我并没有那么好”。

大部分人都没有制订计划的习惯，只是在凭感觉做事，因此浪费了宝贵的时间和机会。我这里有一份 SMART 系统，它一次又一次帮助我高效地完成了计划，离目标更进一步：

S——Specific（精确的）：包括目标、方向、成果，都要非常精确。

以戒烟为例，说明精确的 (Specific) 目标。

如果对方说的目标是："我要戒烟！"教练就会问他："怎样才算戒掉了烟？""我要戒烟"的陈述不具体，那如何确定自己正在戒烟呢？如果我们把目标划分成具体的步骤，行动的方向就会更加明确。

我们如果想写一本书，仅把"书"字贴在墙上并不会起什么作用。如果我们这样设定：3 个月内构思出书的脉络，2 年内完成书稿，6 个月优化整理，那么我们的目标是具体的。具体的目标可以让我们更清楚地知道自己是否在向目标靠拢，当然就更利于实现。

M——Measurable（可量度的）：有数据、有标准、有量化的方案、有可以量度的单位。

"我今年想要读 50 本书、我想要瘦 10 斤……"这些诉求都是可以量度的。什么是量度不到的？例如："我想要变得更有行动力""我想变得更美"，这些都是抽象的状态，人们很容易将目标与状态混淆在一起，因而不能达到目标。

A——As If Now（如果现在就得到）：不以现在的角度仰望目标，因为那样往往不会真实反映出当事人自己真正的渴求。

"我希望将来有一天身材变得更好"，这并不是现在式，每一天都可以有一个"将来"，这个"将来"是永无止境的，是不会出现的，这句话只表达了一个愿景，而不是目标。如果变成“在 2016 年 10 月，我的体重恢复到 50 公斤”，我们将会更清晰地看到自己的目标，并愿意为之付出努力。要知道，奇迹不是空等来的。

R——Realistic（实际可行的）：计划是有根据的，不是异想天开，也不是天马行空；是面对现实既有挑战，又有可能实现的。

如果你现在的年薪是十五万，而你想在明年增至年薪一百万，这个目标是否可行呢？除非用极端的方法吧！或者是上天特别照顾，中了彩票，否则实现的可行性很低。所以在订立目标时要注意可行性，不能太过盲目夸大；如果你现在的年薪为七十万，希望在明年增至一百万，这是一个较为可行的目标，换句话说，有难度又有可能实现的目标才值得去努力。

T——Timed（时间性的，何时可做到）：目标是有时限的梦想，没有时限的目标，就永远都只是梦想甚至是妄想。

我们要明确地指定目标是在何年何日达成，如果只是订立“我要有自己的公司”，这并没有明确时间。所以，要讲明“我在 2016 年 6 月要有一家自己的公司”。

制定 SMART 系统使我们更加清晰自己现在在哪儿，以及想要在什么时间去哪儿，否则这个目标就会很容易失去动力，成为一个虚无飘渺的未来。SMART 系统只是完成目标的第一步，我们需要不断地激励和检视自己，从而克服困难，修正并完成目标。以下七条发问能帮我们进一步了解接下来的行动计划：

- 我想要的是什么？

- 我如何知道自己已达到目标?
- 其他人怎么知道我已经达到目标?
- 我想要的成功出现在哪里？什么时候发生?
- 为了达到目标，我需要克服哪些障碍?
- 哪些现有的能力和资源可以帮我更有效地达成目标?
- 我决定怎样做?

当我们用这个方法制订行动计划时，也要承诺于计划，然后便可根据自己的目标行动开始教练过程。

根据上面的教练技巧，从现在开始，我们就可以将自己的目标写入备忘录，并时刻提醒自己不要忘了这个目标。

例如：

我的身体目标：把体重降到 50 公斤，把肌肉练得结实。

何时完成？ 12 月 1 日

1. 我的家庭目标：______

何时完成？______

2. 我的金钱目标：______

何时完成？______

3. 我的职业目标：______

何时完成？______

4. 我的社区服务目标：______

何时完成？______

5. 我的心理目标：______

何时完成？______

6. 我的社交目标：______

何时完成？____________________

7. 我的精神目标：____________________

何时完成？____________________

高效能人士在上面几个项目中同时推进四个或五个，是十分平常的。有很多高级管理人员以及各行各业的领导人物，每天总结几份目标卡，或者聆听他们这些目标的录音，这是他们每天上下班途中的“工作”。最有趣的是，这些成功者也正是最快乐、最能适应的人，还是最好的配偶、最好的父母以及经济上最成功的人。他们知道自己的生活目标，也知道自己正走在正确的途径上。

现在，你在上面这几项中，每一项都有了一个目标，而且这些目标都订得很清楚，并列出要在何时完成。你可以准备一盒小卡片，把每一项目标写在一张卡片上，当作好像每一项目标已经完成了：

◎使用“我”，并表示现在（例如，我现在体重、我正在从事、我现在赚了等）。

◎使用形容动作的副词（轻松、定期地）。

◎使用形容情感的形容词（热心的、快乐的）。

◎使用目标（现在式）。

例如：

身体目标（女性）——“我现在体重65公斤，穿上新的泳装后，看来苗条多了。”

身体目标（男性）——“我现在体重46公斤，肌肉结实，好像运动员，每天都运动。”

在卡片上写下这些积极正面的形容词，例如“苗条”“结实”，激励我们朝着目标奋斗，从目前的现状逐渐进入自己理想的状态。

我们说，信念决定一切，因此，我们制定的目标也应当出于自愿，而非被迫，否则，这个目标就会被看成约束或惩罚。心理学上有一个著名的“老祖母法则”，即“孩子们，我们把这里的东西收拾好就可以出去玩了”，以结果来“诱惑”目前的行动，激励行为的发生。比如我们可以激励自己“做完这个项目我就……”“看完这本书我就……”省略号后面的“诱惑”可以帮助你抵挡一时的不专注，完成某一个阶段的计划。

在你制订行动计划期间，教练会做的是：

成为你的镜子；
激励你、挑战你；
承诺于你的承诺；
要求你达到卓越的水平；
分享你拿到成果的喜悦。

教练不会做的是：

帮你做；
帮你决定；
像带孩子一样对你；
听你讲做不到的故事；
哄你开心；
逃避主题。

在自我觉察的旅程里，教练用镜子看你的信念，看你每时每刻的状态，顺境时挑战你，逆境时激励你，看到你取得成果跟你一样开心，并且永不满足你的表现，封住你后退的所有门路，甚至有些残酷地要求你改变旧习惯。

改变信念是一个痛苦并快乐的过程。因为旧习惯绝不是轻易可以扔掉的，改变过去并重铸积极的信念是一个艰难的自我超越的过程。这个过程一定会伴随着痛苦，然而在痛苦中去超越，却有机会更加快乐。痛苦和快乐都是一种能量，只要把这种能量对准一个积极的焦点——目标行动计划，爆发出来就会变成创造力。

没有详细的计划和行动，目标永远不会变为成果；没有对目标的那份承诺和拼搏，教练的催化作用也永远只是个美丽的泡影。在教练的卓越之旅中，内因、外因缺一不可，理论和实践必须很好地结合，被教练者需要知行合一、自我超越，教练也要不断调适、不舍不弃，这样才能支持被教练者真正做得更好。

本章总结

核心思想：

自察力其实就是发现自己，认识自己，找到自己内心真实的欲望，并且专注于当下，找到行动的动力。这是一个连贯的过程，它们循序渐进，帮我们看见“自我”的真相。

深入剖析：

●不去想，不突破，不敢想，你脑海中出现过这些思绪吗？

●当你带着自我觉察力去观察自己，是否能看到更多可能性？这时，你的信念发生了哪些改变？

第二章

HOW TO DISCOVER AND ACCEPT THE BEAUTY IN IMPERFECTIONS BY OURSELVERS

对内觉知：跨越大脑设下的陷阱

排除干扰，履行心理合同

在成为人本教练中心的训练师之前，我曾是一名五项全能运动员。那时，我从未想过自己会跟体育结缘。当时我的身体条件并不是最好，只是好动，喜欢跑喜欢跳。训练第一天，我在老师的带领下第一次接触到击剑运动。他优雅的动作深深地吸引了我，我无时无刻不在想象自己穿上白色的击剑服，戴上黑色的头盔，手持长剑傲然而立的样子……直到对手真正站在我面前，我才发现自己根本无法傲然，别说潇洒地击败对手了，我甚至都无法集中注意力去觉察对手的每一个举动，抑或对手身体散发出来的每一处细微的变化。然而，这些细节是击剑比赛的精髓。在一剑定输赢的重剑比赛中，双方需要不断观察、不断思考，在进入交锋的距离内、在有限的时间里迅速做出反应，以求一剑制敌。

训练初期，我一直表现不佳，重要的原因是我受到了太多的干扰，这些干扰不但使我无法专注当下正在做的事情，还限制了我的表现和发挥。久而久之，这些虚假的信念让我陷入“我根本没有办法做好”的认知模式中，我看不到其他的可能性。多余的信念构成干扰，太多的干扰造成了糟糕的表现，糟糕的表现进一步强化了某种思维方式的形成，这很容易使我们陷入某种死循环。

当我第一次发现击剑这项运动对我来说太难时，我对自己说：“你从来都没有接触过，怎么可能做好，这得需要多长时间才能学会啊！”第二次失败时，我又立刻跟自己说：“新手果然就是不行，唉，什么时候才能练好，我到底行不行？”第三次，还未上场前我就会告诉自己这次肯定又会刺偏。

如果接下来一直无法做到，我会对自己说："你本来就不是学体育的料。"

事实上，信念本身不具备任何杀伤力，除非我们对它深信不疑，并且以此作为理由来解释自己为什么做不到。假如这些信念不改变，人们就永远无法取得突破，让我们以为那就是事情的真相——其实，这只是一种错觉，是我们对于真相的想象。

多次练习后，我才慢慢领悟到其中的奥秘。当在场上和对手比拼时，如果我相信自己能准确无误地刺到有效部位，我就会让自己平静下来，集中注意力，关注对方身体的每一处变化，刺入有效部位的概率就会变大。此时，剑仿佛已经不是我手中的"武器"，而成为我身体的一部分，任我从容出击，拼杀对手。如果我不相信自己可以很好地完成表现，就会被对手影响，这时，他的每一个动作就成了我的干扰，我会变得急躁、紧张，并且被消极的想法充斥着大脑，这样，刺入对方有效部位的概率就会大大降低。

于是我发现，增强自己信念的方法就是"相信我可以做到"。相信自己，意味着认知自己的优势和才干，探索它们并积极运用它们。在那之后，每一次训练场上，我的注意力都会全部集中在对手身上，而非自我暗示无法完成战术训练，拿恐惧干扰自己。这样一来，消极的自我暗示逐渐消失了，我欣喜地发现自己居然可以做得更好，甚至超乎教练和自己原本的期待。不得不说，超越自我的感受非常棒，它使我停止了那些局限性的想法，将自己从固有的思维方法中释放出来，重获心灵的自由与安宁。

尽管我当时并不知晓教练技术，但后来我发现，这种令我在赛场上迅速高效提升表现的方法，正是添·高威提出的那个经典理念的公式：

P(表现)=P（潜能）– i（干扰）

即通过降低心态的干扰，挖掘出真正的潜能和实力。这就意味着如果一个人的表现不佳，并不证明他没有这个潜能，很可能是有其他干扰因素的存在。就像我当初在击剑赛场上一样，脑海中不断出现"我根本没有办法做好""我很不合格”“我太差劲了”“对方会怎么看我”“教练会不会对我失望”等各种信念的干扰，以至于根本无法专注于此刻正在经历的事情，妨碍了内心的平静。

无论在工作还是生活中，我们也会看到类似的现象。当公司遭遇危机时，管理者互相纠缠于谁的责任大、谁对谁错，就忽略了对结果和目标的关注——解决问题，提升表现。问题仍然存在，但大家的注意力如果放在推诿责任或者彼此埋怨上，就会耽误了处理危机的最佳时机。

我们在生活中也会看到同样的现象。小时候，父母希望我们能在考试中拿到 100 分，相信当时大部分人会回答："100 分？怎么可能，这样的考试不可能拿满分的！"

"那就尽量考 90 分吧。"爸爸妈妈不会给我们太大的压力。

"90 分也太难了，以我的现状，拿 80 分就不错了。"

……

然后，根据我的经验，我们离理想的目标将会越来越远，因为，当对自己期望值降低，我们就再也不会积极努力地改变现状，任由原本不该属于我们的"悲观者"思维差遣。

这种消极的态度不是天生就有的，也不是被任何人强加的，它是我们在一次又一次的困难面前逐渐形成的思维。它不但会压抑我们的梦想，还会腐蚀、破坏我们的生活。尽管如此，人们依旧愿意背负着这些会使我们丢失富足与美好生活的想法继续生活，接受平庸的自己。

一位学员曾对我说："你知道吗，我真的快要被那群客户逼疯了，一个很简单的事情，我都解释过很多遍了，他们还是反复在问，每次从电话里听到他们的声音，虽然我表面都在说'抱歉，让我再向您解释一遍吧'，实际上心里正在喊'为了解释清楚这么简单的问题，我花了 3 个月，时间全部浪费在你们身上了'。我快被逼疯了，总是失眠，对家人的态度也不好，情绪非常焦虑。但我又想，完成这个项目是我的责任，是我该做的事情，所以就忍到了现在。"

我给她的建议是首先从心态上做一个区分，我希望对方能觉察到自己内心真正需要什么，“你目前做的事情与你真正期望的目标是一样的吗？”

“不，不一样，这已经远远偏离了我想要的，况且我目前的状态已经影响到了身边的人。”

“那你真正的目标是什么？”

“我只希望快乐地做好一项工作。”

“为了达成这个目标，你目前做了哪些改变吗？”

“没有，很遗憾我没有改变，我只是不断地说服自己去适应，但没有尝试去改变，朝着自己期望的方向去做点儿什么。”

我很欣慰听到对方勇敢地说出内心真实的想法，“那还等什么，遵从自己的内心吧”，我鼓励她用行动去做出改变，“别再让‘我知道这很糟糕，但我还要坚持下去’的理由来束缚自己，强迫自己去做那些根本不喜欢的事情。时间一长，你的激情会被一点点抽干，心情烦躁，为自己愤愤不平。这将与你日日期待的理想生活相差越来越远。”

后来再次遇到这位学员时，她告诉我：“我给对方发送了一封邮件，告诉他们自己真实的想法。同时，还退回了两个月的费用，为他们介绍了另外一家公司。当我看到邮箱上显示‘已发送’时，我心中的石头终于落地，感觉轻松多了。”是的，当把一切都摆平之后，她的状态也越来越好，感觉自己像飞了起来一样。

这个案例告诉我们，承认那些让自己感觉糟糕的事，不再让它像病毒一样扩散，就能对自己喜欢做的事情说“是”，为可能性打开更多扇窗。

类似的状况我们都会遇到。内心很开心，但是表现出宠辱不惊的平静；内心很痛苦，却展示出事不关已的超然，听不到自己真实的想法，看不到真实的感受。这样一来，我们就给自己创造了一个模子，每时每刻都以这个模子来框定自己的表现。外界越认可这个模子，模子中的人就会被固定得越深，改变的勇气就越小。生活在模子里的人，则害怕离开模子。

为什么我们不能主动真实地表达自己的需要呢？我们怎样表达自己应当取决于此——我爱我自己这个人，就会表达自己多一些。因为表达自己多一些，别人才会看到我是怎样的，然后才可能按照这样的面貌去爱我，才可以由衷地爱我多一点，于是我看到自己更可爱，才更愿意表达你自己。这是个良性循环。

不过大部分时间，我们都不是这样的。为什么？因为我们不爱自己，觉得自己不够完美。我们不敢表达自己心中真实的愿望，一味地想“我不值得要求那么多”“不值得要求别人为我做那么多事”。就好像女孩很想在情人节收到爱人送的礼物，却又担心自己说出来就变成了索取，并非对方主动表达，因此就将内心的想法咽了回去。可当对方真的不送礼物时，女孩又觉得对方不够爱自己。事实上，内心之所以如此纠结，是因为她没有清晰地让对方接收到自己的需要，没有表达真实的自己。如此一来，对方看到的也是“带了面具”的她，所以，两个人的距离会越来越远。久而久之，女孩在这段关系中实际上越来越不喜欢自己，继而将这份怒气发泄给对方，这样就形成了恶性循环。

无奈的是，我们总会遇到许多不能表达自己的时刻。儿时的教育把我们培养成一个过于矜持、谦虚、礼让、隐藏自己真实想法的人——一个不爱自己的人，因此，你我他都被要求去做那个“对的人”，而非真实的自己。这样，大家怎么可能喜欢现在的自己呢？我们不过是要做一个普通人，有自己的感情，会伤心会难过，会高兴得忘形，会犯错，会哭会笑，而这些却被认为是不对的。

如此的思维也会导致可怕的结果：希望别人也以“对的方式”来对待我们。比如：

“我天天很早回家，你也应该早回家”；

“我不跟朋友出去，你也不应该有你的朋友”；

“我只认定你，没有异性朋友，所以你也不许有”；

“我做出了这么大牺牲，所以你也应该有这样的牺牲”。

……

通过牺牲来建立所谓的“爱”。但其实这些都是索取和操作。

●时刻提醒自己

【排除干扰，履行心理合同】

1. 遵从自己的内心。

2. 不被外界的框架束缚自己的表现。

3. 主动、真实地表达自己的需要。

●练习

1. 找一个人与你练习：

用三分钟眼对眼地互看，不要谈话，就只坐着、对看着。不要触碰对方，不要交谈！同时现在你有几点可做的：

1) 看着别人时，试着看出他的感受；

2) 你当然也要收听你自己。你自己有何感受？保持自我警觉，一定有些感觉开始产生了；看着对方时，同时注意自己对那些感觉的反应。

2. 请观察以下几个内在冲突的例子：

实际感觉：我真的不想去医院看她！

应该感觉：可是你知道你应该去看她。

实际感觉：好黑啊，我不敢走过去！

应该感觉：你不应该害怕，走过去也不会有什么伤害你。

实际感觉：都是你不对，问题都是你造成的！

应该感觉：不应该责怪他，其实是我自己的责任，我只是害怕承认。

从自己的生活中，回忆一下这种“应该感觉”与“实际感觉”之间小小的交战经验，然后对那种情况做一个简短的描述，分清楚哪些是所谓的“应该感觉”，哪些才是“实际感觉”，然后从过去的经历、观察与事物当中找出来哪一种信念模式是加强“应当感觉”的，哪一种信念模式会加重“实际感觉”？

学会区分“应该感觉”与“实际感觉”很重要，前者来自我们过去的固有信念和判断，有着经验支撑；后者来自当下的感受，是真实的反映。通过区分，我们才能知道我们真正的感觉，接受它而不与它为敌。假如我们抗拒自己的感觉——不让它和我们在一起——否定它、扭曲它、践踏它，我们就无法清晰自己内心真实的需要。所以必须要察觉，我们到底被哪个时空影响，这种影响对目标有什么帮助。

●更多建议与箴言

【排除干扰，履行心理合同】

不敢直面真实的自我，这样的危害在于我们会不断地自我克制，压抑自己真实的潜能，最后，只能做一份平庸的工作，接受一段并非完美的感情，过着了无生气的生活。事实上，这类“借口”只有一个杀手，就是抛开顾虑，然后行动。

无论是心理上还是外在的形象上，我们都可以学习如何展现自己最好的一面：

◎肯定自己。我们首先要学会肯定自己，而不能指望别人如何评价。

◎自然地展现自己。有时候想要表示谦虚，结果却适得其反，想要安慰对方，结果说出来的话往往伤到别人，这些都是我们没有自然地表达自己，过分担心和在意自己在他人眼中的样子，结果造成了紧张。

如果想过上真正梦想的生活，就要从现在开始专注于自我的渴望，放弃那些会让自己感觉糟糕的事情，放弃那些会让自己分心、懈怠和离理想的目标越来越远的事情，把自己从烦扰的俗务中解脱出来，为自己的梦想投资。一旦我们不再屈从于借口，前方那条道路自然就会明朗起来。

拒绝成为外力决定下的“受害者”

“家里从来没有人真正关心过我，这就是为什么我觉得自己很没用。”

“既然已经是这个样子了，我也无能为力。”

“我不像他运气总是那么好。”

“我的产品很好，只是他们没有眼光。”

“没人喜欢我！”

这是一群“受害者”发出的声音，每一句话仿佛都在告诉全世界：“我是弱者，命运就是这样捉弄我，我也没法子！”作为一个弱者，似乎可以不用真正面对自己，痛苦使当事人放大了外界的力量，令他相信如今的状况是事出有因——但“因”不在他。这个虚幻而强大的信念令人着迷，仿佛一遍又一遍地在脑海中实施自我催眠——“我真的很可怜”。当我们在心里建筑了一个“可怜的”自我，就会认同这就是自己真正的样子。

心理学上，我们将这种情绪状态称为“受害者心理”，它通过不断重申自己的无辜而将责任推卸给他人或环境，以此逃避对问题的解决。人的大脑具有欺骗性，同一件事因为看待的角度不同也会产生不一样的结果。从医学上来说，这种现象是由大脑神经元的链接造成的。大脑由神经元组成，但神经元链接并不是固定的，而是通过一种电解质水相互传递信息，一旦找到可以链接的新的大脑神经地质点就会再次链接在一起，组成新的神经元。这种一次又一次的联系逐渐在大脑中形成神经通路，它是大脑工作的唯一机制。

所以，当大脑面对新的思维模式时，就会表现出困难和脆弱，难以适应，一旦遇到旧有的思维模式就会毫不犹豫地接纳、吸收进来。因而，当我们不断地向大脑发射“我很惨”的负能量时，它就不断地被神经元巩固、加深记忆——一旦痛苦占据了我们，我们就会把很多平常事看成痛苦，难以自拔。

可见，虽然“受害者心理”看似帮助我们从“麻烦”中脱身，但当我们所有的注意力和能量都被“自我受害”的思维蚕食时，行为就会变得越来越糟糕，事情也会越来越难以被控制。

回想一下，我们是否干过类似的傻事：把计划无法执行怪罪于交通或天气，把事业上的问题归结于自己的工作环境、上司或者员工……我们的思维永远活在过去，所有的剧情、影像、在脑海中被无数次重演，每想一次就又巩固一次。我们让自己相信这就是真的，它早已被我们视为本然的一部分而予以接纳。

我先来分享一位学员给我讲述的故事：

2006年是我事业上很关键的一年，我成立了自己的公司，为了筹备资金，我向很多朋友借钱，但由于经验不足，加上市场风云突变，不到半年我就花光了所有的钱。因为工作的事情，我和妻子经常发生争执。这一年正好赶上儿子上小学，为了能读一所好学校，妻子忙里忙外，总是抱怨我不管家庭。这些事情搅得我心烦意乱。不久后，经朋友的介绍，公司接了一个100万的项目，对于具有一定规模的企业而言，这或许不算什么，但对于一个刚成立的公司，我特别珍惜这个机会。况且，前期的亏损也让我想要全力以赴做好这个项目。

按照原定计划，项目应正好赶上10月份的国庆长假投入市场，所以我们团队花了两个月时间加班加点赶进度，终于在9月初结束前期的工作部分，只等接下来的审批能按时通过。结果，我们的审批迟迟下不来，管理部门给的答复不是领导目前不在国内，就是项目安全性还需检验。由于各种原因，我们错过了最佳销售时机。在等待中，团队渐渐失去了向心力，大家互相推诿、抱怨，我也经常发牢骚，好像每天都有一种沉闷消极的气氛笼罩着我们。

最后，辛辛苦苦组建起来的团队分崩离析，当时的公司也因为这次重创不得不倒闭。对此，我懊恼不已，毫无对策。

这就是我听到的“受害者”故事。通过这段叙述，我们能清晰地觉察到，一旦人们陷入受害者的心态，就会自怨自艾，消极逃避，同情并可怜自己。当然，我们无需接纳一个令自己陷入痛苦的生命情境。每当痛苦降临时，让自己做它的观察者，不让痛苦消耗身心的能量，不去放大痛苦的自己，这份觉知将带我们进入积极乐观的生命情境中。

再来看看我的这位学员用负责任的态度去讲述他的故事会有什么不一样：

2006年是我事业上很关键的一年，我成立了自己的公司，当时，我的家人和朋友都很支持我。因为我前期工作做得不够充分，刚开始遇到了很多困难。幸运的是，我的妻子一直默默陪伴我，帮我分担了许多家里的事情，我也很愧疚没有太多时间照顾她和孩子。不得不说，他们是我最大的动力。为了实现自己的目标，我拜访了许多客户，终于，在整个团队的共同努力下，我们接到了一个100万的项目，对于具有一定规模的企业而言，这或许不算什么，但对于一个刚成立的公司，我特别珍惜这个机会。况且，前期的亏损也让我想要全力以赴做好这个项目。

按照原定计划，项目应正好赶上10月份的国庆长假投入市场，所以我们团队花了两个月时间加班加点赶进度。但由于急于完成进度，拿到项目时我并没有充分考虑到假如不能及时推出，要采取怎样的应对方案，以至到后来我们变得很被动，只能消极等待，白白浪费了时间，给员工和公司带来了损失。这件事情让我收获很大，当然，我一直感谢妻子的理解和支持，而在工作中，将来处理类似的问题，我一定会做两手准备，制定明确的应急方案，将方方面面考虑周全。

这就是从负责任的角度讲述的故事，为了更清晰地看出两种态度的变化，这里还有一则案列：

某公司找了两个实习生，薪资都是 1500 元。

A 员工的想法：这是一次工作机会，我的经验和实践能力都不足，应当利用这个时机多多学习和积累，不断充实自己。我觉得非常满足。

B 员工的想法：这简直就是一种压榨，以为我初出茅庐没经验吗？经理还不断指示我做这个做那个，那些根本就不是我分内的事情，我实习是为了学到真正的本领，不是干杂活的。

A 和 B 是两种典型的处理问题的反应：

第一种：积极面对

把每一次经历都当做学习、成长的机会。借鉴工作伙伴的长处、弥补自己的不足，让自己的职业发展得更好。

第二种：消极处理

一次又一次在心里数落自己遭受的不公，让所有人都知道自己是个受害者，每天怨气十足，待在原地发脾气。

可以看到，当我们是“受害者”时，焦点都集中在他人，认为是他人做了什么或者没做什么让自己变成了这样，从而陷入埋怨、懊恼和委屈的情绪中；而当我们开始负责任时，会把目光聚焦回来，反省、检讨自己做了什么或者没做什么而让事情发生。如此，一切便再清晰不过——命运并没有陷自己于不仁，我也不是受害者，我遇到的问题每个人也同样会遇到，它非常普遍，我有能力为自己做出更好的选择。同一件事情，因为心态不同，产生了不同的结果。

在这里，还应当清晰的是，负责任的态度并不是说将所有责任都归于自己，我们只是讲述事件本身，叙述发生的过程，集中于自己对那件事情所做的选择，明白困扰自己的问题的真相。

回到上述练习中，你跟朋友讲述的故事，关于受害者和负责任两种态度给你的感受，是否如同以下词语传达出来的情绪：

受害者心理：懊恼、失望、气愤、无助、消极、逃避、可怜自己；

负责任心理：原谅、宽恕、有力量、接受、积极、学习、面对现实。

两种体验，你选择哪一种？如果现在给你机会重新选择，你会继续自怨自艾，还是采取行动，选择更积极正面的路？

显而易见，拥有受害者心理无法帮助我们找到真正的问题所在，更无法找到真正的解决方法。那为什么还有许多人愿意深陷其中，成为“受害者”呢？

⊙获得关注，博取同情

从孩子身上我们就能发现，那些在奔跑中突然跌倒的孩子，有大人在场往往哭得很凶，如果当时父母不在身边，他们就会站起来，拍拍身上的土继续相安无事地玩耍。

⊙逃避责任

抱怨外界很容易，只要我们将自己糟糕的现状怪罪于他人或者环境，我们就可以待在原地，不做任何努力。因为我们有充分的借口——那全是他们的错！

⊙偷懒，不行动

任何事情一旦你不想行动的时候，总能找到一大堆理由。不是吗？

根据心理学理论的说法，每个人潜意识里都会有自我防御系统，保护自己免受外来侵害。然而，防御系统过强或过度滥用，就会使人披上厚厚的“盔甲”，把潜能掩盖，不能彰显出来。这些“盔甲”就是我们无法做到某些事情时，给自己找的理由、借口、证据，进而抱怨周围的环境，为自己开脱——而且我们往往还不自知。

防御系统本身是对人有益的，但数量过多就变成了逃避现实，变成了自我超越、自我实现的障碍。我们经常听得到：“哎呀，现在市场环境太差了！”“我们员工素质跟不上！”“我们的资源资金不足！”……人们把这些外界因素当成自己做不好事情的原因，却往往忘记自己的目标是什么，忘记其实自己是一个改变现状的重要的因素。

●时刻提醒自己

【拒绝成为外力决定下的“受害者”】

1. 自我反省。当你觉得委屈或被怠慢时，及时反思问题出在哪里，也可以将故事与朋友分享，让对方帮你评判一下。

2. 积极面对。面对、承认并正视问题和困境，唯有面对、承认，才能解决它。你不能解决问题，你就是最大的问题！

3. 富于建设性。不要纠缠于一个问题而拖垮自己，反之，要思考“怎么做能解决当下的状况？”“谁能帮助我？”“以后要如何避免？”不要被自怜麻痹，朝着解决问题的方向发展。

●练习

回想一个你自己经历过的受害者故事，在你的故事中，你为什么觉得自己是“受害者”，为什么觉得很委屈，感觉受到了伤害？然后，带着当时的感受和体验，把它告诉你身边的一位朋友，明确让对方感受到你真的就是那个受害者。

在做这个练习的时候，我邀请你回到当时的状态，再次成为“受害者”，不要加入你现在对那件事情的分析和评价。讲完这个故事后，你的感受是什么，可以写下来：

____

____

____

____

现在，我需要你尝试从另一个角度把刚才的故事再讲一遍，这一次，是从积极正面的角度来面对。你也用这种方法跟朋友再讲述一遍自己的故事，讲完之后，对比刚才“受害者”角度，看看这次有什么不同的感受，同样可以写下来：

____

____

____

____

对比前后两种不同的心态，思考并回答以下问题：

1. 心态不同时，你内心的感受以及事件本身所呈现出来的面貌发生了哪些变化？同一个故事的前后两个版本，你多做了什么或少做了什么令事情不一样了？请写下来：

____

2. 在哪些情况下，你容易让自己陷入绝望的情境中？请写下来。事例越多越好。（例如 ：“当现实的状况与我内心的期望达不到的时候，我容易让自己陷入绝望中 ；我的理想是当一名飞行员，可父母说那样做风险太大，不如找一份稳定的工作，这让我很无奈”。）

____

____

3. 仔细回想一下在你写下的这些事件或者情形里，自己内心出现的恐惧是什么？它们是如何干扰到你的？（例如 ：“我无法追寻自己想要的生活，无法做一名飞行员，是因为我把别人的恐惧当成了自己的恐惧，我害怕面对‘失败’，害怕承担责任，索性把‘听父母的话’当作理由，告诉自己放弃那个念头”。）

____

____

4. 问自己，这些让你恐惧的东西是真的存在吗？还是你的焦虑带来了一些没有答案的问题。

____

____

●更多建议与箴言

【拒绝成为外力决定下的“受害者”】

自怜很容易成为我们身边最具破坏性的非药物性麻醉，人们会在自怨自艾中上瘾，逐步构建心理上的“围墙”。没错，当我想象自己是个受害者时，可以避免风险，但我也知道如果选择其他途径，将会收获更多积极的结果。

◎走出受害心理。我们可能每天都会花很长时间回想和诉说当天发生的那些烦心事和受过的委屈，这些消极的自言自语就像藏在角落里的电视机，不想关掉它，甚至把它当作悦耳的背景声音。不知不觉中，这个消极的信念就会像心理程序一样控制我们的行为，等想要改变时已无计可施。其实我们自己才是生命的主人，一切都可以去选择。扮演受害者能收获许多好处，然而，这样做真的能实现想要的结果吗？事情没有得到解决，我们却陷在痛苦中顾影自怜，最终坐以待毙。

◎向外转移注意力，帮助他人。丢下“受害者”心理，可能会使我们在一段时间里内心感到空虚——现在的我要如何实现人生价值？转移注意力去做那些真正有益的事情吧，当我们对身边的人更加友善，并给予对方更多的帮助时，这份支持他人的快乐行为会冲淡内心的受害感受，获得更多积极、正面的能量，形成一个良性循环。

◎允许自己休息、放松一下。走出受害者心态并不是很简单的事，有时，我们可能会不由自主地“脱轨”，没有关系，这很正常，偶尔负面的结果并不意味着我们的努力徒劳无益。休息之后继续回到轨道上，给自己多一点耐心，多一点恒心。

当一个人认为自己的能力不够时，周围的人也会如此看待他，相反，当展现出良好的自信，对事情呈现出敢于负责的态度时，大家也会给予他更多的帮助。放弃做一名“受害者”，不是让我们不要面对情绪中消极的那一面，而是大大方方地接受它，但不要把自己的情绪过度特殊化处理——每个人都有自己无能为力的事情，承认自己的缺点，然后找到方法去改变。生活，就是行动，而不仅仅是思考。

负责任是一种心态

心智就像一个任性的小孩，很容易被带入负面、消极的情绪中，我们越是无法包容、接纳困境中的自己，就越是无法从中解脱。那种感觉就像身上扛了一个沉重的包袱，无时无刻不在受苦。此时，唯一可以帮助我们消解痛苦的力量不在外界，而在于我们自己——痛苦最害怕被你觉察，并看出它的真相。当你觉察到自己面对痛苦时的反应，并将自己的注意力转入它时，那份对痛苦的纠缠就会瓦解。

有一年的国庆节，我和好友去大连休假，原计划在上班前一天下午坐高铁回北京，票也早早买好了。七天的假期过得非常愉快，我们都感到开心极了，准备迎接假期过后即将展开的工作。或许是由于过度兴奋，去火车站的路上我还不紧不慢，左逛逛右看看，不时拿出相机拍照……好友虽然有些担心，却也并不催促我。结果——我们错过了回北京的列车！由于是节日返程高峰，所有的机票和高铁票都早已订完，而第二天早上，还有一个非常重要的会议在等我！那一刻，我的确想要发怒，责怪对方为什么不掌握好时间，不在我拍照的时候提醒我快点走……我开始胡思乱想起来：领导会责骂我，同事辛苦筹备了两个月的劳动成果会因为我没有到场而泡汤……

如果你也曾在类似的情景下选择这样的方式面对问题，那么，我想说的是，你已经在不知不觉中被痛苦之身逮住了。此时，你身体所散发出来的负面能量不仅会吞噬自己，也会像黑影一般笼罩身边的人——妨碍我们敏锐的觉察力和应变力。

然而，冷静下来后，我的选择是——承认事实，对自己的心态负责任。不是对发生的状况负责，是对自己应对状况的心态负责。当负责任的心态做出了选择，我发觉错过了高铁是无法改变的事实，无论责任在谁，对错在谁，推来推去、相互指责都无济于事。事情已经发生了，没有人可以改变。我不如将全部的心力放在找到其他的解决办法上。

这的确不容易做到，因为每当我们想要逃离当下的痛苦时，“受害者”心态又会将我们再一次抓入自怜的情绪中，被它围绕，被它消耗能量。此时，是选择负责任的心态还是选择“受害”，需要我们充分地自我觉察，以防再次被拖回困境的流沙里。

对于已经错过高铁的事实，我和好友都不再选择纠缠。虽然它给我们既定的计划造成很大不便，甚至代价高昂，但真的做不到又会怎么样？事实并没有想象的那么糟糕和无可挽救。

接受事实使我感觉轻松了许多，同时可以让我平静下来思考其他的解决办法。最后，我们打车去汽车站，买了两张长途汽车票，虽然第二天早上才能到北京，但这对我们来说，已经是最小的损失了。如果再晚一点赶到，剩余不多的几张汽车票也会被错过。

当晚，汽车在中途的服务站休息时，朋友招呼我下车走走。十月的天气，夜里寒气逼人，我深吸一口气，忽然抬头看到了满天的星星，第一次在这样的环境下眺望星空，觉得明净极了，像是一颗颗闪耀的珍珠。此时，耳边传来高速路上汽车呼啸而过的声音，夜这么静谧安然，我感到一切无比美好幸福，不由会心地笑了。

已经发生的状况是无法掌控的，但状况发生后的心态却是可以选择的，无需对事件本身做评判，只需用负责任的心态做出自己认为对的选择。如果照这样练习，状况面前我们就会为自己创造一个清晰的空间，此时，选择痛苦、恐惧还是释然、愉悦，基于我们对它如何理解。

负责任是发自内心的。不少人谈到责任，会有一种被迫的感觉，这其实是一种负责任的假象。工作中出现了失误，大家追究责任，结果把责任人追究到了，也实施了相应的惩处，认为此事有人承担责任了。其实，这不过是在追求“对”或“错”，向认为不对的人施加某种压力和惩罚。类似的“负责任”并不代表内心的负责任。负责任是一种心态，不是谈论谁对谁错，是心甘情愿的，不会心生委屈。

生活中这样的例了比比皆是。你如果开车不小心撞了别人的车，对方跳下车，声色俱厉地指着你说 ：“你要负责任！”你诚恳地回应他 ：“对不起，我对这件事负责。”但是，他不会罢休，会继续追究你的“问题”，你已经表达要负责任了，可事情为什么没完结呢？这是因为他说的根本不是负责任，他想表达的意思是 ：“你撞了我的车，是你的错！”同时还包含着更进一步的信息 ：“因为是你的错，你要赔偿我的损失！”

在这里，“这是你的错”被翻译成“你要负责任”。实际情况是，“谁的过错”与“负责任”属于两个范畴，对与错自有警察来判断，赔偿事宜也由专业人士来处理，为什么全都挂在负责任上了呢？遗憾的是，人们常常习惯于把它们混淆在一起，还以为很负责任。

我的学员小于在为期三天的“大学生心连心”活动环节中，曾与太太发生了一些争执，这件事也很值得分享。小于与太太共同经营一家公司，然而，小于却要从工作日里抽出三天时间去参加活动，这令太太十分不满。第一天的活动进行到一半时，于太太就打来电话让他立马赶回公司。在同学的劝说下，小于才勉强答应立刻回去。但他心里却很不是滋味，回去后便和太太发生了争执，“心连心这么重要的活动，你一个电话过来，我就得放下身边十几个学生立马赶回来，太不尊重我了！”太太也不甘示弱 ：“你本来在上班时间就不该去！”

第二天，小于想尽各种办法，又出现在“心连心”的活动现场。然而，于太太又打来电话催他赶紧回去。这一次，小于的态度发生了一些变化，他二话没说，安排好现场活动后，立刻赶回了公司。第三天活动时，我们惊奇地发现，小于居然状态饱满地从早到晚坚持了一天。

事后大家都非常好奇，打趣问他用什么方法让太太这么服帖，不再打电话来。小于真诚地说 ：“那一天活动中，教练恰好讲到了‘受害者心态’与‘负责任心态’，我当时感触非常多。第一天我虽然按她的要求回去了，但其实内心非常不情愿，所以两人不可避免地发生了矛盾。事后我才发觉，其实是自己没有用负责任的心态来对待自己的选择。既然选择了‘回去’，就不应该在内心仍以

‘受害者’自居。当我不再抱怨，冷静下来和对方沟通后，表示自己还是希望参加最后一天的活动，如果太太不同意，我就不去了。或许是我的心态也感染到了她，这时她反倒没那么抗拒，而是选择尊重我的决定。”

●时刻提醒自己

【负责任是一种心态】

1. 为自己的选择负责，为事情的结果负责，并付诸实践。

2. 对你从事的职业灌注热情。

3. 怀着索取的心态工作，只是在谋生；关注自己能给予什么，就是在创造。

●练习

像所有传染病那样，“借口症”也会在人群中扩散，“这不关我的事”“是他们的问题”，员工把责任推给主管，主管推给经理，经理又推给总经理。没有人肯为面前的任务、项目负责，结果局面就变得不可控。而一个高效员工，他们更愿意用“我该如何解决问题”“如何通过自己的力量推动眼前的计划”这样的问题来推动计划。

推卸责任、转嫁过失、拖延等问题随时随地都在发生，围绕这些行为，很多诸如“规划不合理”等堂而皇之的借口在办公室中流行。下面哪些借口是你经常会用到的？如果用一种负责任的态度，你会怎么说？

1. 我现在很忙，等下周吧。

这是典型的拖延型借口。如果一个人的工作进度规划不合理，那么他会在接受任务时告诉你这项工作为什么目前不能做，手边有什么事情，总是以忙碌为借口，把本来可以在短时间内完成的工作无限拖延。

用负责任的态度，你会说：____________________________________

2. 我很难与他合作。

当一名员工感到自己工作不顺利的时候，即使他已经意识到自己的能力不足，也会出于逃避责任或顾及面子等目的拒绝承认自己的不足，把问题归结到别人身上。

用负责任的态度，你会说：____________________

3. 不是我不努力，是对手太强。

这句话一般出自某场竞争的败北者之口。遭遇困难时，积极地克服与应对能更加激发一个人的潜能，不思进取最终是意志品格上的认输，对手太强的意思就是：我比人家差太多。

用负责任的态度，你会说：____________________

4. 这件事跟我没关系。

这是很典型的推卸责任的借口。无论在哪一间公司，骄人的业绩都来自团队每一个部门、每一个人的紧密协作，一旦出现问题，每一个成员都难辞其咎。

用负责任的态度，你会说：____________________

5. 事先没人告诉我。

喜欢用“事先没人告诉我”推脱责任的人常常一脸无辜地来为自己解脱。这个借口的前戏是敷衍了事，后戏则是出现问题便把矛盾指向那个事先应该告诉他的人。

用负责任的态度，你会说：____________________

6. 我们一直就是这样的。

当工作没有突破，或有人提出墨守成规的不足时，委屈的人会采用这个借口。

一个缺乏创新精神的员工总是喜欢沿用传统而固定的模式，按部就班地工作。

用负责任的态度，你会说：____

7. 拿多少钱，干多少事。

某些人因为缺乏责任心而遭到批评时，这句话就会脱口而出："我不是没有能力，是因为薪水太少，我不愿意发挥全部能力。"他没有意识到的是，也许在上司眼里，他所付出的努力还远远不值支付给他的薪水呢！

用负责任的态度，你会说：____

●更多建议与箴言

【负责任是一种心态】

当事情办砸的时候，我们听到最多的就是"与我无关""我才知道这事""我想了很多办法，但不知道怎样才能改善""都是他们出的主意，我不知道他们的初衷"……教练技术认为上述情况不是负责任的态度。为了不像玩"躲猫猫"游戏一样不负责任地逃避问题，我们还应该清晰以下两点：

◎一切都是自己的选择。引用著名哲学家萨特的一句话："我们是自己的选择。"你的过去，你今天的生活状况，以及你的未来，是你自己的选择，不是外界强加给你的。

◎面对问题，从"我"做起，把"我"看成一切的根源。一个有责任感的人遇到任何问题，首先想"我应该如何办"，而不是"谁能办此事"。一个人在工作中承担责任，把它当成一种习惯培养并固定下来，一旦犯了错，就会敢于担当，并设法改善。推卸责任并置身事外，只会伤害公司和客户的利益，没有胜利可言。

无论如何，有一点是肯定的，自由是自己给的，你所面对的，都是你应得的，埋怨别人或者环境，没有任何意义。责怪解决不了任何问题，反而会加剧恐惧。一旦我们对现实毫无办法时，就会不断为自己找借口。借口都来自于恐惧，我们要做的，是用行动代替它。迈过去！

保持对情绪的觉察，获得平和的能力

小荣前段时间从广州来北京出差，忙完公事便和好友挑选了一家店面装修颇为精致的餐厅就餐。点单时，小荣发现这里菜品稀疏平常，价格却不实惠，便抱怨了几句。点完菜后，小荣和好友开启“闺蜜聊天”模式，一开始大家兴致都很高，但二十分钟后，一道菜也没有端上，小荣不高兴地请服务员催一下：“店里也没几个顾客，做菜怎么这么慢。”服务员连忙道歉，去厨房催促。又过了一会儿，等她们快吃完第一道菜时，后面的几道菜才上齐。见状，小荣又忍不住皱眉，低头小声地说：“这里的菜一点也不好吃，价格又离谱，服务还这么差，比我在广州吃过的差远了。”整个吃饭过程中，她一直闷闷不乐，不断表示对自己这次挑选的餐厅的不满，无法原谅这顿“糟糕”的晚餐。不快的情绪像乌云一般笼罩了原本一次开心的相聚。

事后，小荣把这件事情告诉我，仿佛希望我也听听她那天所遭受的“不公待遇”。

“可是你的情绪也影响到了身边的朋友。你请她吃饭的目的是为了和好友聚会还是为了发泄不满？”

“当然是聚会。”

“既然是为了开开心心聚会，那你发觉你们那天过得开心吗？”

“并不开心。”

“为什么不开心？”

“因为饭店与我预期的差很远，不实惠就不说了，服务态度也不好。”

“看来，你是为自己设立了一套标准和要求，当对方与你的期待不相符时，情绪就出现了。”

“的确，是这样。”

“下次再遇到类似的事，你觉得可以首先在信念上做出哪些改变？”

“其实事情原本并没有那么糟糕，只是我带着旧有的信念去看待问题，所以才会出现负面的情绪。”

生活中每一次经历都会使我们产生相应的情绪，如喜悦、愤怒、悲哀、恐惧、厌恶、轻蔑、惊奇……当下次再遇到类似的问题时，与此相关的情绪便会跳出来，就像已经被输入电脑的程序，按下每一个按键便给出相应的结果。这种心灵上的反馈看似诚实，实则既非身体与生俱来的一部分，也非某种外力强加，而是一种习惯模式下的行为。

许多人都有这种情绪反应模式。性格急躁的人，见到他人行为稍慢一点，就会嗤之以鼻，认为对方做事不够麻利；有人时间观念很强，对于他人的迟到行为非常反感，觉得对方不尊重自己；也有些人不喜欢被人指责，当同事在工作上提出自己的意见时，觉得对方在挑衅自己……

情绪是虚幻的，但情绪带来的体验是真实的。就像有人打比方说，情人节老公“不给我买玫瑰花”就等于“不爱我”，这是不是一个大脑固有的认知模式在作怪？是不是你看到没有玫瑰花时，大脑出现了一个结果就是“这个男人不爱我”？这个信念从何而来？是当外界有人告诉你“不买玫瑰花就代表不爱对方”时，你将它作为固有的应答程序传递给了大脑。下次当这个事件发生时，它就会主动跳出来抛出结论。真相是什么呢？谁都不知道，也许他是真的不爱你，也许他只是希望用自己的方式来表达爱意，而非用玫瑰花来象征一切。

情绪具有互动性，投射出去的情绪往往会再次反弹回来，每一次反弹都是情绪的又一次强化。一旦控制情绪的“闸门”松开，它就会像洪水般袭来，沿途的人无一幸免。而这个重要的开关，就掌握在我们自己手中。通过与学员的交流，以及自己亲身体验，我发现，大多数人不能良好地控制自我的情绪，是由于无法觉察产生情绪的真正原因。

我有一位学员，她总是因为孩子不好好吃饭而感到苦恼，并且常常大发雷霆，有一次，孩子说了一句“家里的饭不好吃”，就被这位学员狠狠教训了一顿。通过提问，我给对方做了一个区分，她生气的真正原因是“自己或者说自己的厨艺没有得到认可”。她认为自己为家庭付出了很多，但辛苦做的饭菜却不被孩子认可，感觉“很受伤”，好像自己受到了“挑战”。这种想法促使她产生愤怒的情绪，导致了后来的行为。

其实，如果她尝试在发怒前冷静下来想一想，去了解事态的真相，孩子是因为在学校吃了太多的零食而不想吃饭，还是自己做的饭菜真的不合孩子的胃口？然后，通过上面学习到的方法自我觉察，产生的效果一定会比立刻发火好得多。

此外，另一种无法觉察情绪的真相是因为我们压抑了它。因此，那些看似“掌控”情绪的方法不过在为下一次更猛烈的爆发积蓄能量。合理地宣泄情绪很重要，诸如哭泣、倾诉、运动、阅读、听音乐等，都能有效分散对负面情绪的关注，释放压力，减缓焦虑。接纳自己的情绪不是承认自己“无能”，人人都有负面情绪，这很正常，它仅仅说明目前有一件事令自己困扰，仅此而已。

情绪引导我们的行动，让行动向某个目标而靠近，但当情绪表现出破坏既定的目标、消极影响他人时，我们可以判定自己正在被情绪所“绑架”。此时，保持对情绪的觉察，是获得心灵平和的一种能力。

以“对方约会迟到”这一事件为例，我们可以通过以下步骤来识别自己的情绪：

1. 当对方约会迟到时
2. 我的想法是(他非常不懂礼貌，一点都不尊重我)
3. 我的情绪是（愤怒、厌恶、轻蔑、烦躁……）
4. 我的行为是（指责对方，给他扣一个“不守时”的大帽子）

这是被情绪绑架的情况下发生的行为模式，为此，我们可以通过下面的练习，获得更有力的处理方式：

1. 当对方约会迟到时
2. 我的想法是（明确但不带任何批判性地描述对方令你不快的行为）

____

3. 我的情绪是（指出对方的行为在哪些特定方面影响了你，并告诉对方你的感受）

____

4. 我的行为是（告诉对方，你希望他/她怎么做来纠正当前的状况）

____

这个练习使我们发现，在事件和当事人都没有发生变化的情况下，先冷静下来觉察自己的情绪，不仅是为对方赢得了机会，也是为自己了解事实的真相，更好地与人沟通以及更有利地行动。

为了让对方找到良好情绪的入口，我们在教练他人时需要通过迁善心态，使被教练者以更开阔的视角去看待问题，通过发问，使对方在看清事实真相后，获得一种愿意改变的意愿和能力，在清楚真相的基础上确定到底什么才是自己真正需要的，以此发现更多的可能性。

对于教练技术而言，所提出的问题的性质会决定问题的作用，所以，做心态迁善的发问时要避免陷入以下的误区：

1. 引发辩论。

辩论的过程是期望通过语言战胜对方的过程，是一个捍卫自己立场和观点的过程。辩论者已经先肯定了自己的答案，没有聆听对方的空间，此时双方都不在教练状态。所以，教练要留意不去问及一些引发辩论和互相攻击的问题。比如，“你凭什么说自己是对的？”“你以为你是谁？”

2. 预设答案。

提问题切忌事先预设答案，误导被教练者的方向。教练事先预设答案再提问，不是为了发掘问题的真相，而是引导被教练者进入一个事先设好的“圈套”，然后再一网打尽。这样的教练过程无济于事。

反之，如果教练在没有预设答案的前提下专注对方，做到忘我，就算在过程中只问一句最简单的问题“还有呢？”，都会发掘得更深。教练不要先入为主，陷入经验的叉路口。教练可以有答案、有判断，但在教练过程中要放下自己的答案和判断，把关注的焦点放在对方身上，不被任何答案和判断干扰。

3. 包装的问题。

如果只是想告诉对方自己的想法，就不要包装成问题甩给对方。直接沟通想表达的内容就是了，不必去问。如员工迟到了，你问“你迟到多少次了？不如说“我对你经常迟到很不满意！”

4. 质问和批判。

不论对方的答案如何，教练的发问都不可以变成质问和批判，因为这会直接影响教练过程中的互动关系。特别要警醒的是，在教练发问过程中，教练自己的价值取向、社会标准可能会影响到其对事件和个人的看法。不自我洞察，就会使教练的态度无法保持中立，容易将问题流于批判和指责，而这对教练过程来说是致命的！

发问的时候，我们要问启发性的问题而非批判性的问题，否定对方的立场极容易引发被教练者的对立。教练过程是基于互相信任和互相尊重这个基础的，对方开放的信息才是教练成功的源泉。所以，被教练者的答案才是教练发问的最大价值。

下表为启发性问题和批判性问题的对比。

批判性问题	启发性问题
容易引发对抗	创造共赢的关系
容易影响对方的情绪	保持中立的态度
产生指责	支持对方进步
只有我的观点是对的	启发更多不同的观点
产生负面看法	愿意共同探索新事物

5. 慎用“为什么”。

教练要慎用“为什么”来提问题。因为这样的提问形式，容易令被教练者产生误解，以为教练处于生气、沮丧、指责或不满的情绪中，容易引发干扰，使被教练者产生负面情绪——索性回答“不知道”或者“不晓得”，教练过程便因此而阻滞，无法继续推进，也发掘不到事情的真相。如果将“为什么”改为“什么原因”，或者“对这件事情，你有什么看法”“你这样做是因为什么”，同样是询问原因，却避免了使用“为什么”这种字眼产生的歧义，减少不必要的干扰，让教练过程更顺畅高效。

6. 少问封闭性问题。

开放性问题是没有给定答案范围，被教练者可以回答任何可能性的问题，这种形式是开放性问题。例如，“你对这件事怎么看？”

封闭性问题是被教练者只能在给定的范围内回答的问题。例如，“你对这件事是否满意？”

教练发问的一个重要艺术就是要在恰当的时候选择恰当的形式来发问，从而让自己的问题对被教练者来说更有效。在获取信息、搜集资料的时候，选择问开放性的问题，能够获取更多、更详尽的资料；在挑战、冲击信念，支持其心态产生张力的时候，开放性问题有着不可替代的优势。

●时刻提醒自己

【保持对情绪的觉察，获得平和的能力】

1. 当我们的信念还聚焦在出问题的地方，更多不满的情绪就会随之而来。

2. 将聚焦点转换为积极正向的。

3. 找到通往成果的起始点。

●练习

在发问情景练习中，给出的每一个选项都能产生相应的情绪反馈，每一题只有一项符合对情绪的正确引导：

1）一名学员参加完培训，他想第二天去见本地的一个朋友，但又想与其他学员一起出去游玩。如果你是教练，如何用一个强有力的问题解决他的矛盾？通过什么样的问题可以更好地支持到这位学员？

教练 A：究竟哪一个选择对你更重要？

教练 B：这是谁的问题，要由谁来决定？

教练 C：你想度过什么样的一天？

教练 D：到底是什么阻碍了你，让你这么犹豫不决？

2）小黄第二天要参加课程培训，但是正赶上其岳母过六十大寿。如果你是教练，如何用一个强有力的问题支持到他？

教练 A：究竟是参加培训对你重要呢，还是为岳母过生日更重要呢？

教练 B：这一次你能不能挑战自己将两件事情都做好？既让老岳母收到你的爱心，又准时参加培训？

3）你的下属最近一个月经常迟到，你今天约他到你办公室见面，从教练的角度你会问什么问题？

教练 A：你为什么常常迟到？

教练 B：我留意到你近一个月经常迟到，你可否告诉我原因？

教练 C：你是一个没有承诺的人，你下一步有什么行动？

教练 D：迟到是一种违反纪律的表现，你准备接受什么处罚？

4）公司新提拔的经理在第一次业务推广活动中失误，他心情很低落地对你说："我想辞职，这次的推广活动很失败！"你是他公司另外一个部门的经理，而且你和他是旧同事。从教练的角度你会如何发问？

教练 A：新人就是这样的，不失败，哪会有成功的可能？

教练 B：你那么快便放弃，到底是怕面对挫折？还是有其他原因？

教练 C：你来跟我说辞职是什么意思？我又不是你的老板。

教练 D：你想我如何支持你？你是想找人诉苦，还是想自己做得更好？

5）公司里一位脾气暴躁的员工常常与同事和客户发生争执，你接到很多关于他的投诉。你刚刚调任成为他的上司，从教练的角度你会如何对他发问？

教练 A：你是否知道你做人有点儿问题？这样下去，我会要求你离开公司，以免影响公司的士气和公司的形象。

教练 B：我收到很多关于你的投诉，你是否留意到你的脾气已经严重影响到你的工作？

教练 C：我希望我部门的同事以和为贵，你的脾气如果不收敛一下，我恐怕不能和你合作，你打算怎么办？

教练 D：我收到很多关于你的投诉，你经常与同事和客户发生争执，你认为这样对你会有什么影响？

6）每次教练你的员工，他都会很快对你说出他已做到些什么，而且很主动地告诉你下一步会如何行动，并且将实质的行动和计划已经做好，他的表现也达到满意的水平。这种情况下，你还可以怎样教练他？

教练 A：你玩的游戏太小了，为什么不再次挑战自己，超越你的舒适区域？

教练 B：我知道你一直以来都做得非常好，你的表现也达到满意的水平，但我留意到你在管理团队方面还可以做得更好，你认为如何？

教练 C：你好像在交功课，你认为自己是否已经做到最好？

教练 D：我很高兴你能自发地实现你的目标，你认为自己是不是可以做得更好呢？

答案

1）A. 学员摇头；B. 学员仍然表示没有得到支持；C. 学员为这个问题打了 10 分；D. 学员也觉得支持到了自己。

2）A. 小黄还是很犹豫；B. 小黄感受到鼓舞。

3）A. 容易引发下属不满；B. 关心了解真相的态度；C. 指责；D. 行为上的改变。

4）A. 是道理不是问题；B. 不接受对方和问题基于个人判断；C. 嫌弃；D. 出发点想在心态上支持对方，很有耐心。

5）A. 批判性问题；B. 封闭式问题；C. 威胁；D. 启发性发问。

6）A. 藐视对方；B. 不平等、有压迫感；C. 批判；D. 正面启发。

●更多建议与箴言

【保持对情绪的觉察，获得平和的能力】

◎当感觉负面的情绪袭来时，不要着急将它传递出去，试着让它在脑海中停留片刻，想想自己想要的结果是什么，用积极的自我暗示来替换不良情绪的发生。

◎所有的快乐和开心都是自己的感受。著名心理学家威廉·汤姆斯说过，我们所谓的不幸和苦难，很大的程度上，要归结于个人对现象所持的看法。更重要的则是，一个人以什么样的心情与态度来面对和处理这些难题，最后的结果是迥然不同的。因此，我们不难发觉，即使是出于同样的环境和状态，有人认为是不幸和苦难，有人却认为这是千载难逢的机遇与恩赐。

◎每一个因缘都是成功的良机，甚至包括不幸。不管身处何处，他们都会以积极、自信与乐观的态度去努力、去积淀自己，他们是奇迹的创造者。与此相反的是，另一些人持有消极与失败的心态，不愿意承担不幸，这样的心性注定一辈子要潦倒。持不同的心态，做出的不同的反应，致使事情的结果截然相反。因此当我们遇到任何挫折或打击时，千万不要呼天抢地，微笑着告诉自己那是造化的考验。

本章总结

核心思想：

“受害者心理”实际上就是通过不断肯定自己的无辜，把责任推给世界，推给别人。“受害者心理”有害无益，需要积极纠正。

深入剖析：

●你也有过“受害者”心理吗？什么原因让你甘愿当一个“受害者”？

●为什么不能像“受害者”一样生活？它给你造成了哪些负面影响？

第三章

HOW TO DISCOVER AND ACCEPT
THE BEAUTY IN IMPERFECTIONS
BY OURSELVERS

外部“投射”：你给对方贴了多少标签？

讨厌别人的缺点，是因为与自己的标准相差甚远

“讨厌别人的缺点，是因为与自己的标准相差甚远。”这个观点常常被我的学员所证实。我们可以这样理解，当你讨厌一个人缺点时，往往是因为我们自己在这方面做得比较好，随之标准就定得高。因此，当对方的行为与自己的标准相差甚远时，很容易会给对方贴上完全对立的标签——无限放大对方的不尽如人意之处，就像拿起“放大镜”一样观察他人，对他人的评价也变得格外严苛。

在北京上课时，文迪分享了一则自己的故事。

“我最受不了别人将东西乱放，这很没有秩序。我有四个保姆，她们各自有不同的分工，这样就很清晰地知道自己的职责是什么，需要做什么。同时，我还在家里一些醒目的地方贴上许多便签条，为她们做了明确的指引，例如什么东西应该放在什么位置，鞋子应该怎么摆放，不同款式的衣服应该怎么收纳等。这样一来不会出错，二来效率也会提高。出乎意料的是，她们依然频频犯错，不是这个东西没有摆整齐，就是那个东西放错了地方。我都已经做了那么详细的分类，为什么还会造成这种局面？她们太笨手笨脚了，我又打算重新换人，可这已经是第三批了！”

听完这个有趣的经历，我问文迪：“做这样细致的分类和归纳，你的初衷是什么？”

“当然是为了更高效啊，但因为这是我想要的，所以她们只会机械地去做，积极性不太高，更麻烦的是，她们并没有从中体会到高效，反而觉得是一种束

缚和规矩。”

“我非常理解，这是你做事的态度，你当然不是为了刁难大家。但是，带来的结果似乎并不是你想要的，对吗？”我希望文迪能感觉到，她的话真正被听到了，我很理解她的感受和需要。

“没错。”

“那么，目前最让你困扰的地方在哪里？”

“我担心她们做不好，这样我就得花更多的时间来收拾残局，正因为我不想浪费时间，所以才把很多事情都详细地写在了便签纸上，方便她们随时都能看见，然而，效果似乎并不理想。”文迪显得有些失望。

我不能让她继续沉浸在情绪的泥沼里，“所以，你认为造成这种困扰的最大阻碍是什么？”这个问题可以帮助文迪加深对现状的认识。

“嗯，我发现”，我的全神贯注让文迪感受到自己是被倾听和理解的，此时，她愿意跟我分享更多信息，“当我要求太多却得不到别人的理解时，此时的工作氛围对大家来说都是一种制约，我得不断解释我的需求，而她们则需要按照我的需求不断改变自己做事的方法，结果，大家都没有得到各自想要的。我知道我的标准太多了，还总以为自己没有问题，非要争出个对和错，以至于到最后，我都忘了我的目标是为了要让生活井然有序。”

“所以我听到的是，你一直把大量的时间都花在给对方解释对、错的问题上，结果却忘了做这件事情的初衷。”

“是的。”

“好的，看来你已经觉察到这个问题所带来的影响，那么，为了处理好这种情况，你希望做出怎样的调整，第一步怎么办最好？”文迪对这个问题的回答可以指引我们思考解决的方案，避免我们原地踏步。

“嗯，我首先想做的是问问她们的意见，看看怎么做比较好。毕竟，在料理家务方面，她们比我更专业更有经验。”

“好的。”

对话帮助文迪改变了她关注的角度，从“划分对错”而带来的困扰，到因他人无法达到自己的标准而产生的焦虑，再到如何调整自我信念模式，我们把她面临的困境化解为她相信自己能够应对挑战。通过加深她对自我的觉察，改变对外界的错误投射。

情绪都是自己的。许多人在生活中与他人产生矛盾时，总是习惯地抱怨“别人怎么这样，让我这么不舒服”。细心觉察就会发现，情绪的主体是我们自己，之所以会产生情绪是因为我们在拿自己的标准去判断对方，甚至批判对方。唯有放下自己的标准，转变自己的心态，多角度地考虑问题，才能解救自己，不被情绪所控制。

南希是我的一位女学员，第一次找到我寻求支持时，她正在为自己与老公的关系愁苦不已。“我老公在孩子上小学三年级时就调到外地工作了，即使周末放假也很少待在家里，总是出去打牌，什么事都不做。儿子马上就要念初中了，父亲不在身边，学习上没人辅导，这让我很着急。我平时工作很忙，家里的事总有忙不过来的时候，但我跟老公沟通之后，他一点儿反应也没有，不是沉默就是回避，似乎和这个家没一点关系，我对他失望透了！”

“失望透了！”我们总是听到这样的字眼，对方真的那么糟糕吗？还是自己标准太高，容易对他人感到失望？

两个原因都有。人无完人，对他人期望太高并不是明智的选择。此外，对他人失望，是因为对方的行为与自己的期待画不上等号，这不仅让我们备受煎熬，同时也影响了对他人的判断。我们可不可以摆脱这种带着“有色眼镜”观察他人的态度和行为呢？

当然可以，但别指望学一堆方法去改变对方，摆脱的关键是转变自己的心态。回到南希的案例，由于自己在家庭方面投入很大精力，付出很多心血，所以她无法忍受丈夫没有尽到做父亲的责任。此时，她把对方的沉默评价为

“回避”，完全是基于她自己的想象，这种态度上的苛刻让南希很难再去发现对方身上的优点。长此以往，丈夫会不自觉地接受这个标签，并形成恶性循环。

我为什么会反感和讨厌别人？当向自己追问这个问题时，就能看到自己身上的问题。现实世界的一切差别，都源于人们的分别之心——有分别心就容易贴标签。如此，动静来了，善恶来了，痛苦来了，喜欢不喜欢也来了。心有分别，就会生出好恶与烦恼。此时，我们是继续用高标准去衡量对方，期待对方成为我们理想中的样子，还是愿意放下自我的标准，从另一个角度欣赏对方，都取决于我们此刻的觉察力。

不久前，我参加了一次针对年轻人的讲座，讲座内容围绕相处多年的情侣或夫妻展开。听了其中一对夫妻的故事，我发现，夫妻间时常发生争执的一个主要原因是，彼此无法客观地欣赏对方的优点。先生说："我太太总是在我面前挑剔、讽刺我的工作和生活。"他的太太则说："他从来都不管这个家，什么事情都不做！"就像大多数结婚多年的夫妻那样，对方不再是恋爱中那个"完美的人"。我们开始发觉，他或她的行为、性格中也有令自己讨厌的部分，他不再对你嘘寒问暖，她也更加咄咄逼人……无法接纳对方缺点甚至只看到对方的缺点，将令我们陷入焦虑和无助。正如对于同样的风景，一旦用了有色滤镜，物体的色彩就会与本来面貌大相径庭。

一味地在意、纠结于这些不完美的投射，只会积蓄越来越多的负能量。于是，我建议两人从欣赏的角度来挖掘对方的优点，分别将心目中对方最吸引人的特质写在一张单子上。

妻子这样写：

他是一个很有主见的人，工作非常刻苦。
对于工作中遇到的困境，他总是很上心，力图改善。
他对朋友非常热情，也很大方。

遇到问题，他总以大局为重。
很体贴我，对我很包容。

丈夫的单子上则是下面的这些特质：

她每天都给阳台上的花浇水，打理房间。
她在家的时间不多，但一有空就会自己做饭。
她有错就改，很容易接受别人的意见。
对朋友十分慷慨。

事实上，我这样做的目的很简单，就是希望他们能善于发现对方身上良好的特质，并通过这些语言代替平时那些容易破坏气场的控诉和发泄。为此，他们还将在接下来的一段时间内，尽量像单子上列出的那样，多去欣赏对方身上的优良品质，我希望无论生活还是工作中，他们都能努力承担起自己的责任，不以抱怨代替爱。后来，我又一次在深圳见到这对夫妻时，他们已经走出感情的困扰，重新回到了谈恋爱时期的亲密无间。

在恋爱或者婚姻关系中，当我们开始觉察对方令自己感到反感或讨厌时，我建议大家不妨冷静下来自我追问：

- 我为什么会计较？
- 这件事情触动到了我的什么？
- 这件事情激发了我的什么？
- 目前的问题真的到了无法原谅的地步吗？
- 我在坚持什么而去要求和控制对方？

追问完后，你会发现对方根本没有你想的那么差，甚至还有你没发现的优点，是你的不接纳放大了对方的缺点。

当然，做完这些练习后，你依然可以坚持最初的选择，继续盯着他人的缺点，坚持认为是由于对方的原因造成了现在的状况，以此发泄自己的无助，这样就可以将问题推给他，并用抱怨与指责代替积极想办法去引导对方改变。

●时刻提醒自己

【讨厌别人的缺点，是因为与自己的标准相差甚远】

1. 怀着同理心去倾听和观察他人，勿生分别心。

2. 与其忍受、恼怒，不如积极地接受、观察对方，发现他有趣的一面。

3. 学会接受这个不完美的世界和他人，不依赖他人的不完美，不因他人的不完美而痛苦。

●练习

假如你有一位不喜欢的同事，你如何通过刚才学习到的教练技术改变现状？

在教练技术中，教练会激发被教练者的潜能，排除心智模式的干扰，从而有效达成目标。因此，如果你要教练自己，就必须清楚教练方法的四个步骤：

1. 你现在面临的状况是什么——厘清目标；

2. 是什么导致你出现这样的状况——反映真相；

3. 你渴望拥有的状态——心态迁善；

4. 为了达到自己想要的状态，你需要怎么做——行动计划。

尝试运用这个步骤来改善你和同事之间的关系。

●更多建议与箴言

【讨厌别人的缺点，是因为与自己的标准相差甚远】

为了获得更好地接纳他人的能力而需要做出的努力包括：

◎看电影或小说是进入他人世界不错的方法，通过其中不同的人物经历和性格，我们更容易产生同理心，理解每一个人的困境。

◎接受他人的不完美不是退缩和逃避，而是不再因为他人和过去的错误不断惩罚自己。

◎学会欣赏和发掘对方的优点，永远不要错过任何机会去锻炼你欣赏美、发现美的眼睛，经常保持接纳他人的态度能让我们身心愉悦，进而更加愿意善待他人。一旦对方发现自己被接纳，也会更加愿意展现自己的优点。

◎不要把能量都耗费在向外投射上，这样一来，我们的心就成了爱操纵、易怒、易受干扰的心。向内觉察自己，承认自己的消极面，承认自己的确有做不好的事情，这没什么可丢人的，总想把事情做好只会平添压力，增加焦虑感。我们完全可以让自己变得更加平和、自信、勇敢一些。

在认识自己的道路上，更好地接纳他人有助于我们更加真实地认识自己，总想对他人评头论足只会凝固自己的世界。我们原谅、接纳他人，就是原谅、接纳自己，积极的心态才可以帮助我们“汲取”这个世界里美好的东西。

转移对“不完美”的注意力

“完美主义是一种流行病”，近日，我从一本美国心理学双月刊里读到了这句话。诚然，每个人都渴望追求更好的生活，但这并非说我们要达到十全十美。真正“完美的状态”并不存在，尽管大多数人都知道这一点，却依旧将目光仅仅盯着事情不好的那一面，最终弄巧成拙，陷入焦虑和沮丧。

过于关注“不完美”在生活中十分常见。我认识一位父亲，他的“不完美”对象是自己的孩子，父亲找到我寻求支持：

“我的孩子太内向了。”

“我担心他将来无法在社会中与人正常交往。”

“我希望他能更活泼开朗一些，我尝试着鼓励他，但好像并不起作用。”

真如父亲描述的那样，孩子情况如此令人忧心忡忡吗？“内向”“无法与人正常交往”都是父亲对孩子的判断和演绎，大部分人在听到这样的反馈都会在第一时间对事情做出预设，认为“原来孩子是在这方面有问题”，若是沿着这个思路，那么就和我们说的作为教练或者聆听者该有的保持中立、客观的态度相违背，这样做只会离问题的核心越来越远。

我和这位父亲的教练过程是怎么进行的呢？首先，我需要他多聊些有关孩子的情况，例如孩子的性格是从什么时候形成的，是从小就这样，还是上初中后有所转变。

“上小学吧，”他告诉我，“孩子一直很懂事，我只是希望他可以更活泼一点儿。”

“这么说孩子目前的状况并未带来什么直接的问题？”我需要把事情弄得更清晰些。

“噢，没有。”

“听你说他很懂事，除此之外，还有什么优秀的品质吗？”

他的情绪放松了很多，“这个嘛，他学习自觉，做事也有耐心，对小伙伴之间的情谊看得很重，另外，他很有公德心。”

“这样看来，他其实挺优秀的。”

“总体来说，还是不错的，我就是觉得太内向了，怕他以后……”

“那么，这里的‘我觉得’是你从自己的角度和感受来进行判断的？”我需要帮助对方看到自己以往的信念产生的干扰和盲点，区分什么是事实，什么是他对事情的演绎，而不是告诉他如何改变孩子。

“好像——是这样。”

“你有没有想过，这样的焦虑会让孩子收到什么信息？”

“认为自己不够好。”父亲的态度有了一些转变。

“如果他不断收到来自父母的焦虑，认为自己总是‘不够好’，孩子的情绪会有哪些变化？”

“这个嘛，可能会更消极和不自信。”

现在，你或许和我一样明白了事情的真相。这个孩子再正常不过了，甚至具备非常出色的品质，但父亲却抱着主观的心态对事情进行了区分，比如“内向”“无法适应社会”，创造了一些“问题”的概念，然后投射在了孩子的身上。于是，一颗璞玉就被当成了一块石头。

这就是问题的所在。一旦我们依据自己的信念对客观事物或现象做出好坏、善恶的评判时，就会形成不同的想法和认知，进而得到不同的感受。为了更清楚这些感受，你自己来体验一下，在下面的几个情景里，你会产生哪些反应。

情形 A. 你本来约好今天和朋友出门一起打网球，结果出门前突然下起了大雨。

你的感受是：____

情形 B. 大楼内的电梯已经坏掉半个月了，不久前你还告诉自己“爬楼梯”是一个锻炼身体的好方法。可是今天，你应邀下班后去参加朋友的派对，不得不穿上那双五厘米的高跟鞋！走出家门，看见坏掉的电梯。

你的感受是：____

情形 C. 你打算下班后回家给孩子过生日，但是回家路上却堵了近三个小时，到家后你疲倦极了，女儿开心地跑过来让你抱抱她，却被你推开了。

如果你是孩子，你的感受是：________________________________

情形 D. 由于天气情况导致飞机晚点，你不得不在机场滞留六个小时，尽管航空公司及时进行了赔偿，并安排巴士送旅客到宾馆休息，你依然怒火中烧，认为是航空公司不负责才导致你面临这样的困境。

如果你是空乘人员，你的感受是：____________________________

无论你写下什么感受，你一定会发现，不同的心态和角度让你对同一个客观存在的事情产生了一些或正面或负面的情绪。转移对“不完美”的注意力，甚至不再区分所谓的“完美”和“不完美”，不仅是宽容，更是一种智慧。就像“雨天”和“晴天”，原本没有好坏、对错的区分，是我们自动将“雨天”定义为“烦人”，将“晴天”定义为“美好”，如果没有评判，它们仅仅是两种不增不减、不多不少客观存在的天气现象而已。

故事中的父亲，痛苦的根源其实并不在于孩子的性格本身，而在于他对事物的痛苦认知和错误的抗争——固有的信念让他对事物做出了负面投射。一味地聚焦于“不完美”的投射里，负面感受就会越来越多。就像水管堵塞，污秽不流通就会在里面越堵越多。一旦将事物认知为负面投射，你就已经迈出通往痛苦的第一步了。

这样一来，又会产生新的问题，对于已经产生的负面情绪，我们可以采取哪些方法呢？

我愿意在这里进一步分享我个人的小故事。几年前，我去一家咖啡厅，决心在那里花一天时间写一份报告。就在我坐下来不久，隔壁座位来了几位年轻人，还没等服务员递上菜单，就开始热烈地交谈起来。随着说话的声音不断地从右侧传来，我心里不满地嘀咕："怎么这么没礼貌，说话声音难道不能小一点儿吗？"几天后，我又去了另一家咖啡厅，不远处又有人在说话，这次我忍不住大发牢骚，将他们看作是一群没礼貌的人。

慢慢地，每次去咖啡馆，我都会特别注意那些喜欢大声说话的人——"都是些妨碍他人又没礼貌的家伙"，这个结论让我好像发现了新大陆一样得意，证明自己并不与他们为伍。但事实上，这件事情发生的频率也越来越高，"为什么我去任何一家咖啡馆都没办法静下心来做自己的事？"因为我刻意关注，所以这种事就会不断"砸"在我头上。

后来，我找到另一种方法来看待这种现象。我不再把焦点放在那些让我心烦意乱的"噪音"上，而是观察自己在遇到这种情况时的反应。我发现，当我越是觉得自己被打扰时，就越会在意那些声音，原本适度的音量在我的脑海里也会被一遍遍放大、重复，以至于被彻底地干扰，无法顺利进行手头的工作。之后，我开始改变自己对待周围声音的态度，把它们当作锻炼、培养自己专注力的方法。当我花了一个下午全身心地投入自己的工作并且完成它时，才发现，"噪音"也并非那么可怕，事实上，后来我也很少会注意这种情况了。

因此，对于一件已经发生的事情，我们不妨先退一步，观察它的全貌，是事情本身的合理性出了问题，还是自己对待事物的认知、感受并以此采取的行动方式出了差错？如果真的尽了力，却还是不能改变，就意味着这件事情目前的存在就是合理的。此时，我们首先应该接纳负面情绪的存在，并尝试用教练的方法与自己对话，例如：

"你为什么会出现在这里？"

"有什么事情发生？"

"有什么原因引致这样的成绩？"

"有什么在困扰你？"

这些有效的问题能帮助我们清晰自己的感受，觉察到事情的真相，改变我们原本对待事物的信念。一旦我们在心态上做出了迁善，就改变了事物对我们的意义，那些负面的感受也就变成一份礼物，而非障碍。

换一种看待事物的角度，就像：

不要说：“缺点”“问题”“麻烦”“挫折”“我要求”“痛苦”“做不到”；
尝试说：“长处”“机会”“经验”“挑战”“我会接纳”“信号”“我可以”。

换句话说，信念决定你是快乐还是痛苦。

我有位朋友，她常常挂在嘴边的一句话就是：“我觉得自己很幸运，好像任何事情都能引刃而解。”她有圆满的家庭，有自己经营的公司，喜欢运动，年届四十身材依然保持得很好。真的是上帝眷顾她，让她特别幸运吗？我想说，是她相信自己幸运的信念和心态，让她成为今天的样子。我们的心态有着强大的能量，当我们保持着积极的心态，就会开始改变自己的人生。

●时刻提醒自己

【转移对“不完美”的注意力】

1. 充分感受自己的感受，不对事物做好坏、善恶的判断。
2. 接纳自己的负面情绪，询问有效的问题。
3. 境由心生，信念和心态决定快乐还是痛苦。

●练习

做教练时，我们常说：“正确的答案是由正确的问题开始的”，找到了答案，就是真实地了解了自己此时此刻的感受。发问的目的是：

◎挖掘自己或对方的心态和见解

◎厘清事实与真相

◎收集资料

因此，询问有效的问题对教练的成果非常重要。下面几个练习能帮助我们如何对问题作出区分，找到哪些是富有启发性的问题：

1. 前某企业高层主管被某品牌电脑的老板挖角，因为某品牌电脑的老板问了他这样一个问题：“你想让自己的下辈子继续卖有颜色的糖水，还是想改变世界？”

如果你是某企业集团的高层，你的回答是 ______________________

2. 朋友向你抱怨“我的团队很差劲”，假如你是教练，你会向对方提出哪些问题支持到他？

方向提示（运用四步教练技巧，注意问题的焦点是回到信念和心态上，不是在事件或第三者上）：

a. 对方在这件事情上的心态是什么（对于自己目前遇到的问题如何看待——厘清目标）

b. 可能性（通过心态迁善让对方从更广阔的视角观察目前遇到的问题——反映真相）

c. 挑战 / 激励（对方最认可的行动解决方案，以迅速达到他想要的成果——心态迁善）

d. 宣言（有效的行动计划，具有可行性）

3. 区分以下哪些是启发性问题？哪些是批判性问题？

A. 你近来常常迟到，我也注意到你的表现比以前逊色，发生了什么事？

B. 你近来常常迟到，我也注意到你的表现比以前逊色，我有什么可以帮到你的？

C. 你上个月的业绩跌了 20%，到现在你都没有采取行动，是面子重要还是业绩重要？你现在还在等什么？

D. 你上个月的业绩跌了 20%，到现在你都没有采取行动，为什么你反应这么慢？

一旦发觉自己提了批评性的问题，应及时改道，发问启发性的问题。

4. 朋友告诉你他今年有一个很重要的计划，打算在年底前完成，运用刚刚学到的发问能力厘清他的真相和信念，你该如何提问？

●更多建议与箴言

【转移对“不完美”的注意力】

为了能让“解决问题”的过程进展顺利，我们需要更具体的练习和情景感受：

◎将评价过渡为描述行为。例如“他是个爱撒谎的家伙”，可以换成“在那件事情上他撒了个谎”。

◎从“他总是这样”转变成“他在某种情况下会这样”。

◎从主观判断上的描述过渡到理解性、共情式的描述。例如“她很爱抱怨”，可以换成“她这样是因为她说话我们从来没有好好听过，因为没有人理解她，让她觉得很委屈，但这样做同样不能给她带来任何好处啊。”

◎从敌对到沟通。如果我们认为和他人产生误会或隔阂，不妨彼此聊一聊，通常会有意想不到的收获。我经常教练学员们进行这样的练习，目的不是为了让大家做“好好先生”，而是为了让被教练者懂得迁善心态，放下自我的标准，在与他人的沟通中不断完善自己的判断。一般情况下，通过交流你会发现，有时他人比你想象的更脆弱，有时甚至与你想象的完全相反。这并不是说我们要掩盖事情或他人缺点，而是为了避免错误的观点或行为出现。

无论你的“不完美”对象是自己还是他人，或者是外界环境，在它令你焦虑、痛苦或抓狂时及时终止，的确很不容易做到。但我们应该清晰，转移对“不完美”的注意力并不意味着你会失去对卓越的追求，由于恐惧和焦虑，追求完美会让我们在心态上产生失衡，结果离事情真相越来越远，令一件事情原本的目的越来越远。这是不必要的，也是不被要求的。

试试看吧，我知道刚开始会很难，但通过细心观察，就会发现遇到问题时它如何让你变得更有能量。我一直相信法国作家大仲马的一句名言：“烦恼与欢喜，成功与失败，仅系于一念之间。”或许此刻就是欢喜，谁知道呢，至少我可以让它充满欢喜。

你给对方贴了多少标签？

“我的性格比较急躁，这对我的生活和工作造成了很大干扰”，一位学员向我倾吐心声，她在工作上表现优秀，却难以和同事们愉快相处，“与不合拍的人一起工作，我简直会抓狂！很简单的一件事，对方却花很长时间也弄不明白，对于这种人简直无法忍受！奇怪的是，我总能遇见反应慢做事磨蹭的人，所以不满和负面情绪特别容易爆发。”

这是一个典型的爱“贴标签”人士。什么是标签呢？就是对他人的判断、评价，简而言之就是对某个人的刻板印象。一旦我们为对方贴上标签，就很难摘下来，还会影响我们以后对此人的评价，就像这位学员，只因为工作时同事与自己不在一个频率上，就给其贴上了“反应慢”“做事磨蹭”的标签。

当我们执着于一个概念时，我们就会带着这个既定的概念去观察别人。

在课堂上，大家纷纷贡献了自己的案例。学员小敏说：“本来我犹豫要不要与领导沟通，后来还是打电话给他了。在电话中，我们各抒己见，坚持自己的观点，情绪都很激动。后来我突然意识到自己可能进入了‘贴标签’的误区。其实多年来，我一直认为他固执、刚愎自用、不近人情。当我想到教练的方法时，想到其实我也要为他的所作所为负责任时，就有一种豁然开朗的感觉——遇到问题压根没必要争论，他人的观点、做法可能也有很多优点。这样，我的情绪就平静了很多，我试图从对方立场来考虑问题，想方设法使自己可以中立地看待与他的分歧。”

学员丽娜举例说：“有个员工，以前我一直标签化他，觉得他脆弱、多愁善感。但是后来我觉得这很可能是自己的主观想法，这么想可能会伤害到别人。后来再与他沟通时，我要求自己耐下心来听对方讲为什么会脆弱，之前发生了什么事情。这样一来，我们互相谈了很多感受，充分理解了彼此，也看到了事情的全貌。”

学员思佳也分享了自己的案例：“我也标签我老公。比如他总爱说‘糊涂多好啊，认命多好’之类的话，我就觉得他是一个甘于现状、不思进取的人，但看到他的状态是活得很开心、很轻松，不纠结，我又觉得他天生就是那种比较简单随性的人。所以，以后再遇到类似的情况，我不会急于做评价，而是直接把感受告诉对方，这样的好处是让我不带任何偏见去交流。”

人类大脑处理信息的能力很强，但也有一个弱点，就是常常喜欢给人和事物贴上标签并归类，即“模式识别”，它是一种通过捷径了解人和事的方法。我们先找出模式，再寻找事物的关联性，赋予其内涵和意义。刚开始，我们需要一些概念来认识他人，但接下来，这些概念可能成为障碍，因为“概念”会逐渐变成“标签”。人不是产品，不是单凭名字、品种、重量、价格等信息就可以完全识别。我们通常“懒于”去做全面了解，一看到某人就会自发联想到“这个人非常固执，不需要与他多争辩”，或者“这个人太冲动，不能与之商讨大事”。

因此，我们应当保持充分的觉察力，避免被标签禁锢认知。否则一旦我们形成自己的信念，就会深信不疑，甚至通过各种证据来佐证、巩固——我们乐于持有偏见。长此以往，潜意识会将所有的信息看作是我们自己的，要知道，无论我们给对方贴的标签是正面还是负面，它们都是幻象——你看到的都是关于自己的。

给他人贴标签的过程中，我们把自己的世界塞得很满，封闭起来，因而才会觉得自己“总能遇见”某一类人。一旦发现对方与自己不合拍，在还未深入沟通、了解的情况下，便直接将对方归入某一个类别，如某人太粗心大意了、太不爱干净了、太穷了、太抠门了、太蠢了、太不懂人情世故了，等等。针对这种情况，我们可以在平时练习阅读一些与自己观点相左的文章，这样做不是为了否定它，而是为了体会它、观察它，训练自己接受多元意见的能力。

先不说我们给他人贴过多少标签，想想我们从小到大被贴过哪些标签？

____

____

没错，这些标签就是你在他人眼中的印象，你真的认同它们吗？还是即使你不认同，却已经被其潜移默化影响了？

让我们来体验一个游戏，现在，我请你脑海里不要想一只蓝色的猴子，千万不要想那只蓝色的猴子，一定不要想那只蓝色的猴子哦。好了，现在，你脑海里想的是什么？蓝色的猴子！这就是抗拒的“力量”，越是告诉自己去忘记，越是在不断加深印象，最终排斥的那件事情就成了你的一部分。

我相信大部分人都不愿意被人贴标签，原因很简单，每个人在给别人贴标签的时候，采用的标准都是自己的认知和经验，但一个基本的事实却是，每个人的人生经历都不相同。所以，这种贴标签行为，就是以自己的立场评判别人，很难摆脱有失偏颇的问题。

如何避免贴标签呢？最简单的方法是，与其不断重复、肯定自己的判断，不如不那么急于下判断。因为第一印象总是最牢固、最不容易被洗刷掉的，即使后来你意识到你的结论不正确，也很难放弃它。

此外，在描述事件时，我们要避免批判、控诉和责备，因为批判中混淆了事情的本质和行为的意义。避免批判、控诉和责备，并不意味着我们放弃了觉知，相反，是让觉知存在，允许万事万物在觉知的空间里保有原有的模样。

这样的例子不胜枚举。

用“中午十二点了，你还没起床。”代替“你怎么这么懒，都中午了还不起床！”

用“这段话上有几处错误。”代替“怎么那么粗心啊，这段话错误那么多！”

用“校车已经来了，你还在吃早饭。”代替“你做事太磨蹭了，校车都到了，早饭还没吃完！”

尽量做到不用有色眼镜去看待对方及其行为，尽量不要把自己的感受强加在别人身上，诸如下面这些句子：

“你好差劲！”

“他常爱出风头！”

……

这些都不是在表达感受，而是暗藏指责他人的意思。如果换成另外一种说法，例如“当你那样说的时候，我觉得很……”可以是很生气，或者很害怕、很灰心等，无论你有怎样的感觉，都把感觉归属于你自己，这样，一切都会清晰得多，具体得多，诚实得多。

学会倾听自己的感受，并且选择合理的方式表达自己的感受，只有自我的感受与表达方式不再干扰你倾听别人后，你才会专注于体会对方的感受，并与之产生共鸣。这是培养自己具备同理心的过程，它使我们站在他人的角度思考和处理问题，就算自己的想法与人有差异时，即使不认同也不能判定对方的行为就是错的。

我们可以来尝试做这样一个练习。把“每个人都说你不顾及别人”这句话用三种方式写下来（细节方面可发挥自己的想象力），看看它们有何不同：

第一次用第一人称写：我想你根本不顾及别人；

____

第二次结合具体的例子：例如：“我们约好了昨晚出去吃饭，你迟到了也不向大家道歉，让那么多人等着你，我觉得你根本不顾及别人”。

____

第三次是将自己的感觉表达出来：“昨天是我的生日，你把我的生日给忘了，我感到很伤心。”

____

练习中，勿把感觉与逻辑、理由、借口、指责等表达方式相混淆，表达才会越来越具体。当然，训练与他人产生同理心，不是为了让我们去肯定或者喜欢对方的不足，而是站在对方的角度来看问题，从而更能理解对方的做法，避免误会和冲突。

在进行同理心练习时，除了感觉，还要学会倾听，即“听到别人的感受”。为此，我们需要做到“注意”“积极的聆听”“观察行为”及“准备妥当”。

◎注意

一个人的话语里，常常会流露出许多信息显示出这个人当前的感受，但只有集中注意力才能够听到。

◎积极的聆听

不只是用耳朵听，积极的聆听需要通过全神贯注听到对方的感觉，体会其感受，并予以适度的回应。

◎观察行为

我们需要能观察到现在的行为，这个人在做什么，而不是我们先入为主地认为他这样做一定体现了某种含义。

◎准备妥当

一个足球守门员站在球门前，对方队员准备踢点球了。守门员摆好姿势，目视着球有可能要来的方向，膝盖微曲、手臂半展，他一切都准备好了，只等对方的罚球了。这就是“准备妥当”。这种状态是收听别人感受的一种习惯和心境，它需要我们保持与对方眼神的接触，聚精会神，并对整个聊天过程警觉，如此才能真正听到别人的感觉。

●时刻提醒自己

【你给对方贴了多少标签？】

1. 多尝试接触与自己想法相左的观点。

2. 与其不断重复、肯定自己的判断，不如不那么急于下判断。

3. 怀着同理心倾听和观察他人。

●练习

想象自己参加一个小规模集会或派对，这一次，尝试和在场的你不认识的人搭讪。留意自己对他产生的第一印象，当你觉察自己心里对对方做出评价时，立刻停止这个想法。训练自己去观察并接受观察到的东西，不要急于评判。

●更多建议与箴言

【你给对方贴了多少标签？】

聆听是人类所有能力的基础，也是教练工作中最重要的工具，可惜我们大多喜欢“讲”而不擅长“听”。其实，当我们“讲”的时候没办法专心致志地“听”，并且习惯了“讲”的人会慢慢降低“听”的能力。学习聆听的方法很容易，如果要掌握并运用自如，就要从平时的沟通习惯上去锻炼了。

聆听具有非常强的实用价值，对教练过程中捕捉大量信息具有重要意义。通过立体式聆听传输进来的信息越多，教练工作进展越快。

◎“听者有意”是教练的忌讳。教练的方向性决定了沟通的所有焦点在对方，教练只能以忘我的心态去聆听，并且是专心、求实和开放的，否则就听不到对方的出发点和假设，听不到真相和情绪。

◎不用批判性的心态去聆听。对方说出他的想法，哪怕在常人看来非常错误的想法，也是对方的真实心态，教练如果用批评的心态，就会迅速体现在言语和表情中，这只会让对方关闭沟通的闸门。

驾驭自己想责备的冲动

现实生活中，我们往往会给自己编织心理牢笼，每当与他人意见相左或者事情没有达到自己的预期时，就一味地责备对方。此时，负面情绪会变得一发不可收拾，就像一块扔进水里的石子，扰乱了原本平静的水面。其实我们可以在心情沮丧时选择责备、抱怨，也可以设法培养愉快的情绪，对自己的选择负起责任。当我们认清内心的想法，并努力发现潜能和善心时，就有能力对当下的问题提出更好的解决办法。

雅琴和丈夫结婚五年，她是个事业型女性，常常会在家里挑丈夫的毛病，不断地责备他这里不对，那里不应该。时间长了，丈夫受不了她的习惯，不得不提出分居。雅琴觉得自己很委屈，认为“我责备你也是提建议，是为了大家能更好”。为此，我列出了以下的问题，帮助她获得新信念上的迁善：

- 对方从什么时候开始不接受与你的沟通？
- 发生了什么事情，让你们之间变成了现在的样子？
- 你如何看待你们夫妻之间的争吵呢？
- 你认为，夫妻之间应该有着怎样的沟通？
- 想要达到这样的沟通你可以怎样去做？
- 你认为以上这些你都可以做到吗？

同样，在工作中，我们也会调到类似的问题。一位学员找到我的一位训练师同事寻求支持，她说自己无法与员工顺畅地沟通，两人聊不到几句话就会相互指责、抱怨。为此，训练师向学员提供了以下几点解决问题的思路：

- 你们之间的这种现象是从什么时候开始的？
- 你们真的冷静下来好好沟通过吗？（这里的沟通不是指责和抱怨）
- 有没有想过换一种方式沟通？还是双方一直僵持这种局面？
- 你认为自己目前的干扰在哪里？
- 在你的生活中，遇到同类事情时，你的处理方式是什么？
- 这样的处理方式给你带来的好处和坏处各是什么？
- 你觉得接下来怎样做，才会令自己达成所期盼的目标呢？

同样，我们也可以将这样的思路运用到自己目前的状况中。

Ellen上周接到了一个新项目，眼下这个项目遇到了一点儿问题，她向经理提出自己的看法，希望能讨论出更好的方案。

Ellen：我和小组成员讨论过一个方案并去实施，但是发现根本解决不了问题。

经理：那你肯定做错了！你应该这样，而不是……

很显然，这样的对话没有遵从教练原则，如果按照教练原则，对话应该是：

Ellen：我和小组成员讨论过一个方案并照着去做，但是发现根本解决不了问题。

经理：好吧，我知道了，你看，我现在要去见一位客户，你能不能在我见客户这段时间里想一想这个问题是在什么时候、什么情况下产生的，等我回来再一起讨论，找到解决的办法。

半个小时之后，经理返回。

Ellen：我找到解决的办法了。

经理：很不错啊，你怎么做到的？

Ellen：这就是关键啊，我是这样解决的……

经理：嗯，听起来很有可行性，你看，当你积极寻找方法时，还是能做得很好的！

在这段对话中，经理不仅巧妙地通过“这个问题是在什么时候，什么情况下产生的”这个隐含的问题，让 Ellen 意识到了自己应该承担的责任，而且，他没有发泄怒气，表现出责备的态度，反而是鼓励 Ellen 自己找到问题，并在解决后对她进行嘉许。

对于因情绪一时冲动而引发责备的状况，我们需要在愤怒来临前觉察到它。因为当神经元熟知大脑运行路径后，每当有类似的事件发生，它会自动选择熟悉的应对模式，让我们以为——是的，这就是我想要的！因而，神经元朝某个方向运作取决我们告诉它，自己想看到什么，想感受到什么，想要的结果是什么。下一次再遇到让我们想发怒的状况时，我们需要本能地改变它，让它向着所希望看到的状态去改变。

我们可以来做一个区分“身体和思维”的练习，在一次课堂上，我问学员体验到了什么，就是为了使大家了解：

- 哪些是自己身体的体验？
- 哪些是自己的情绪？
- 哪些是自己思维的结果？

结果，很多人的表达都比较含混，分不清楚自己所说的是哪一部分。我让大家在纸上写下体验时，有人说“原来我写下的都是思维”。如果你发现自己也是这样，那我不得不说，你对自己的身体和情绪并未真的觉察过。这不是说你没有情绪，而是你没有注意到，于是大家都纷纷开始挖掘“我的体验”。

这样区分的好处在哪里呢？

有人说：“这样可以区分出哪些是自己的判断和演绎，哪些是自己的情绪。如果拘泥于思维和判断中，就会失去一些自己身体和情绪的体验，这就是所谓的视而不见，听而不闻。”

有一个学员分享时说，有一次朋友做了一件事情令他格外生气，虽然他思维比较冷静，但还是觉得很抓狂。对此，我的建议是，下次遇见类似状况时，接受情绪上的“愤怒”，并冷静地进入自我觉察，试着看清自己的思维过程。当大脑神经元又一次将你拉回原有的情绪反应模式上时，可以先停下来，有意识地控制它，同时问自己：“如果‘我一愤怒就要大发雷霆’，会给彼此带来哪些后果？会令事情得到有效解决吗？还是只能破坏与对方的关系？”透过这样的区分，驾驭自己想责备的冲动。当我们冷静下来看清神经元给我们埋下的“陷阱”时，就可以有效地判断，然后做出决定。

我们先来做一个关于大脑神经元的访问，在 24 道题后写上自己的答案。

1. 哪些活动能够给你带来最大的乐趣？你认为哪些活动、思想、沟通上最令你感到振奋及鼓舞？

2. 对你的家人而言，哪些活动能够给他们带来最大的乐趣？

3. 生命中哪些经历令你感到特别痛苦？

4. 生命中哪些经历令家人感到特别痛苦？

5. 在你过去的人生中，你认为最尴尬的经历是怎样的？在未来的生活中，哪些经历会特别令你感觉尴尬？

6. 哪些事情会令你发怒？当你发怒的时候，别人容易知道吗？
7. 你的家人如何表达愤怒？
8. 你是否有足够的金钱去吃好东西？
9. 你的家人是否有足够的金钱去吃好东西？
10. 你的居住环境安全吗？
11. 你家人的居住环境安全吗？
12. 提出一些令你感觉安全的情况。
13. 提出一些令你家人感觉安全的情况。
14. 哪些事情令你感觉重要？
15. 你的家人怎样建立自己的重要性及自我价值？
16. 哪些事情令你感觉你能够活出彩虹？
17. 如果你能够在自己所属的圈子里舒适地生活，你平常的一天会怎样渡过？
18. 在你的生活圈子中，什么叫作成功？
19. 画出你的心理“图腾柱”。(图腾，即你心中对你具有召唤作用的一幅画面)
20. 你有什么宗教信念？
21. 日常生活中，你如何学习新事物？谁会教授你新的知识？
22. 你对死亡有什么看法？
23. 你认为如何才能使你的生命更有意义？
24. 在日常生活中，你需要负担哪些责任？你家人需要负担哪些责任？社会需要负担哪些责任？

回答上面的问题，能帮助我们发现自己看待、处理问题的一些模式，发现这些模式后，你打算如何把自己的强项用在生活中，又如何把自己的弱项，例如担心和害怕慢慢减去，使生活有所不同呢？

为了更好地辅助你做一些练习，下面有一些具体的话语区分和测试。在这个过程中，我们需要尝试运用量子语言学。我们这里提到的“量子”并非物理中的概念，而是说，由于你的大脑会不断使神经元细胞接受任务，这样一来，你想要的生活不过是自己的一种选择，你可以选择喜怒哀乐的任何一项，可以每天开心地面对生活，也可以每天沮丧地面对。一切都是你。

这个练习很重要，对你是一个关键的支持。我们遇到的许多问题都呈现在这个模式里，通过以下的练习，你可以立刻成为一个区分达人，然后做出一个你想要的选择，一起来试一试吧：

将问题转作“A 造成 B”的形式。

例一：他一对我小气，我就报复（生活中的常态）

A = 他一对我小气（将事件和反应分开，事件是“他小气”）

B = 我就报复（这是我的反应，我这样看待这个事件，所以产生了相应的结果）

AB 问话式之一

他一对我小气，我就报复，会发生什么事？写下你的区分：

____

AB 问话式之二

他一对我小气，我就报复，有什么事不会发生？写下你的区分：

____

A 非 B 问话式之一

他一对我小气，我不报复，会发生什么事？写下你的区分：

____

A 非 B 问话式之二

他一对我小气，我不报复，有什么事不会发生？写下你的区分：

____

例二：我一发脾气，就会乱吃东西

A ＝我一发脾气

B ＝就会乱吃东西

AB 问话式之一

我一发脾气，就会乱吃东西，会发生什么事？写下你的区分：

____

AB 问话式之二

我一发脾气，就会乱吃东西，有什么事不会发生？写下你的区分：

____

A 非 B 问话之一

我一发脾气，不会乱吃东西，会发生什么事？写下你的区分：

____

A 非 B 问话式之二

我一发脾气，不会乱吃东西，有什么事不会发生？写下你的区分：

____

当我们遇到问题，没有对问题本身的面貌和我们自身想要责备的冲动做出很好的区分时，就相当于将 A 和 B 混淆在了一起，比如例一中，当我们以“A 造成 B”的形式来看待事件，就是“他一对我小气我就会报复”，那么接下来两个人的关系会发生什么呢？可以想像得到，产生争执、生闷气或者相互抱怨，结果变得越来越糟。不会发生什么呢？我们的关系越来越亲密，很显然，这是不会发生的。我们之间的共同目标达成，这也是不会发生的。

如果以“A 非 B”形式，“他一对我小气我不报复”，那么结果会是什么呢？“他小气”是事件，“我不报复”是我面对事件的反应，将事件和情绪反应区分开来，就能帮助我们更加中立地看待整个事件，而不是陷入固有的情绪反应模式中去。

当我们清晰这个过程后，就很容易明白，他人的言行是否能激怒我们，完全取决于我们自己的选择，如果我自己决定不生气，谁也没法让我生气。这种区分的能力是可以慢慢培养的。

●时刻提醒自己

【驾驭自己想责备的冲动】

1. 接纳自己的情绪变化。
2. 保持乐观的心态。
3. 善于及时调整自己的不良心态。

●练习

1. 找一个伙伴，请他 / 她讲述目前最紧迫的工作问题，对话开始阶段只能用以下问题来引导对话：

- 问题是什么？
- 其根本原因是什么？
- 谁应该对此负责？
- 你做过哪些尝试是无效的？
- 为什么还未能解决这个问题？

几分钟后，停下来，感谢你的伙伴，然后请他 / 她再来一次。重新开始讨论，但使用以下问题：

• 你希望看到（以及做到）什么结果？

• 你能否回忆起什么时候有过解决办法，至少能解决部分问题？是什么使其成为可能？

• 你采取何种措施，虽最细微却能带来最大效应？

目前为止，在这次对话中你学习到了什么？

____

五分钟后，再停下来，询问你的伙伴他 / 她在第一次及第二次讨论中的想法及感受。你注意到了什么？他 / 她最根本的思维模式是什么样的？你的思维模式又是怎样的？

____

2. 你的下属对你说：“我今天没心情，不想讨论工作。”你会怎样回答他？

A. 好吧，等你心情好转的时候再谈吧！

B. 我的承诺是要让你做到，你不能这样任性。

C. 是不是工作上出现问题，所以你心情不好？

D. 好的，但现在能否和你谈一会儿，让你心情不会继续这样？

3. 有一天，你的下属或同事跑来向你投诉，她说另外一位同事对她的态度非常差，你会如何教练她？

A. 问清楚那位同事对她做过什么事和说过什么话。

B. 先给她一个回应，告诉你也认为那位同事是一个不负责的人。

C. 先和她区分她想和你说这番话的目的，然后问她想和那位同事建立一个怎样的关系。

D. 让她把整件事的始末说出来，对她说自己会和同事了解后，才和她找出处理的方法。

4. 你的下属做错了一件事，企业因此损失三十多万，你很生气，以下哪一个会是有效情绪管理的处理方法？

A. 压抑情绪，告诉你的下属要为这个过失负责任，叫他好好检讨自己。

B. 告诉你的下属他工作能力太差，将会把他辞掉。

C. 检讨自己哪里没有做好，并告诉下属，他的失误令公司损失，问他会如何防止类似事情再发生。

D. 告诉自己不要生气，尽快去争取更多的生意回来，告诉你的同事不要责备下属。

5. 你的下属或同事对你说：“对不起，今天忘了做这件事。”你会怎样回应？

A. 知不知道你破坏了你的承诺？

B. 告诉我什么原因让你忘记做这件事？

C. 你是怎样看待这件事的？

D. 你觉得这件事不重要，你想怎样？

●更多建议与箴言

【驾驭自己想责备的冲动】

我们可能改变不了别人，改变不了周围的环境，但是我们可以改变自己对事情理解的角度，让这个事情成为我们所能接纳的：

◎不责备。责备是一种消极情绪的表现，如果我们让责备不断“席卷”自己，就会被它淹死，从而破坏别人看待我们的方式。

◎不遗忘。负面情绪如果不及时处理，它就会像定时炸弹，随时有可能爆炸。重要的不是忘掉这件事，而是直面它。

◎不委曲求全。委曲求全实际上就是把矛头指向自己，这样做肯定会以牺牺牲掉自己的某些利益，去换取某些结果。所以不委曲求全是在既不伤害对方，也不损害自己利益的情况下客观、中立地看待事件本身。

我们从来都是对的

学员皓东向训练师讲述了这样一件事情：他自认为对曾经的一位下属问心无愧，自始至终都在教她做事。她工作做得好的时候，不吝于表扬；做得不好的时候，也不会批头盖脸地呵斥，总是给予非常温和的指正。但后来对方走的时候很不开心，对他说离职的第一个原因，是因为皓东从来没有认同过她的工作！

这位下属举的例子是，有一次她订了一些资料，把订单交给皓东的时候，皓东询问：“为什么要30份呀？”下属很困惑，于是皓东笑道：“你去想想，可能老板也会问你。”后来果然大老板也问了她这个问题，因为有所准备，她当然解释清楚了，但却觉得完全没必要追究这件无足轻重的事情。对此，下属觉得皓东对她很苛刻，根本没有认可她。

皓东非常困惑：“我提醒她有什么不对呢？难道我做错了吗？”

训练师的回答是，下属这样做是想证明她是对的，你这样讲述事情也想证明你是对的。人总是认为自己是对的，我们从来都是对的。因为担心自己是错的，才会与人辩论。

皓东又问：“我们需要做什么才会改变这种状况？我是不是应该解释多一点儿？”

训练师对他说：“因为平时你就挑剔太多，她才会觉得你不认可她。她不可能因为一件事就有这样的印象。我发现你有个习惯，所有想说的话，你都不是用直接的方式来表达，你喜欢假装这是一个问题。而当你真正想问一个问题时，人家就会觉得这不是问题，这是一个挑剔。你就是一个‘斯文刺客’，你很文雅，但你说话很刺儿。”

皓东不好意思地笑，同意教练的说法。

训练师觉察到了皓东的真实心态 ：“你很关心对与错，这样你在生活中肯定为自己制造了很多包袱。因为有很多‘对和错’，所以和别人的关系搞糟了自己都不知道。虽然我们可能表现得很谦虚，很温和，很谨慎，但我们有一种天生的认定——很难容忍被冒犯被否定，所以我们所做的很多事情其实都是为了证明自己是对的，对方是错的。”

但是，真的有对和错吗？我们再来看一个案例。

艾达正在和同事有说有笑，口袋里的手机突然响了，一看是经理办公室的电话，连忙接通说 ：“经理——”“艾达，你到我办公室来一下！”经理“啪”的一声挂了电话，让刚刚还有说有笑的艾达一下子心惊胆战，忐忑不安走进了经理办公室。

“你最近怎么回事，自己看看这个月的销售业绩多差劲？就连新来的苏珊也比你强。你这个销售冠军还能坐得住？你以为我给这么高的底薪就不用工作了？以后别再提加薪的事了！”艾达没来得及开口回应，就被经理连珠炮般地轰炸，一叠厚厚的报表也扔在她面前。

“经理，你听我解释。”艾达本想趁机把工作中的问题与经理沟通一下。

“我不想听解释，自己回去好好反省吧。我给你一次机会，要是下个月你的业绩还不能上来，你的年终奖金就不发了。好了，我还有事。”经理不耐烦地摆手示意欲言又止的艾达出去。

满脸委屈的艾达无奈地走出经理办公室，想起经理那咄咄逼人的架势，心里窝火得厉害。由于被经理分派到刚开发的市场，客户数量不多，销售额自然不能与成熟的市场相比。苏珊虽说是新员工，刚进公司就被安排到原有的老市场，客源稳定充分，客户关系网坚固牢靠，艾达心里觉得经理只看数字，不问事实，感觉很委屈，工作情绪也不高了。

艾达和经理谁对谁错？很明显难以用一句话说出个是非所以然来。管理者对下属的“打”是帮助员工成长的重要方式，批评本身没有错；艾达的业绩情况情有可原，希望解释沟通也没有错。现在问题的关键，是怎样以负责任的心态建立起有效的沟通，既容异议，又不视其为对自己的否定和质疑，让话语真正传达到对方的心里。

不论沟通的形式是什么样的，管理者一定要向员工传达出认可他的工作、希望他成长和知道他很有潜力这样的态度，这样的沟通才是成功的，艾达的领导显然忽视了这一点。

此外，经理在没有给艾达解释的机会前就先入为主地给她贴上一个毫无证据的“标签”，这同样令她心生委屈。

为了更好做到有效地沟通，不被对与错的意念所束缚，准确找到内心的盲点，我们再来看课堂上小敏口述的案例：

我们家中兄妹三人，我排行老三，但我对二哥有意见，原因是他对爸妈不好。事情是这样的：我把一套房子以很便宜的价格卖给了二哥，市场价 20 多万，但只让他付了 15 万。当时考虑他是买下来让爸妈住的，所以我就没计较那点儿钱。结果房子给了他，他却先让他小舅子搬进去住了，还说要让爸妈和小舅子一起住！我俩因为这件事闹得很不愉快。现在，我把爸妈接到我生活的城市，安排在老年公寓，按理说，这些该是我哥操心的事。况且，到现在买房子的钱一分也没给我。他现在给我打电话我也不接，反正现在我不想理他。

在课堂上，训练师请初学教练技术的大雄为小敏做支持。以下是大雄所做的支持及训练师的现场辅导：

大雄：你的目的是什么？

小敏：希望缓和与二哥之间的关系。

大雄：缓和的意思是你们之间有隔阂。

小敏：没有隔阂，就是对他意见比较大。在赡养父母的问题上，一点儿主动性都没有，他是兄长，怎么能连这个问题都解决不好？

训练师点评：大雄在这里可以问一下，对方想与二哥建立什么样的关系？发问的目的是要让当事人明晰自己的目标，让他自己去评估和构想达成目标所需的各种步骤。小敏是不是一到情绪不佳的时候就与二哥产生对立？比如二哥无论做什么，小敏都要跟他赌气，电话也不接。这样做对于建立一个良好的关系有没有好处？之所以关系一直僵持，就说明这个相处模式并不好。

大雄：你想与二哥建立一种什么关系，还是觉得有什么更好的相处模式？

小敏：我还是希望能处理好问题的，但不知道如何处理。

大雄：能不能与二哥坐下来聊一聊？

小敏：这点很难做到，他总觉得自己做得对，没办法沟通。

训练师点评：究竟是没办法沟通，还是不想沟通？刚才小敏说二哥打电话都不接。另外，针对无法沟通的现状，小敏是否寻找了自己存在的问题？

……

在以上的教练过程中，完成得比较好的是“厘清目标”和“反映真相”这两个步骤，提问者在“心态迁善”和“行动计划”上还需进一步完善。结合教练的点评，对于这个案例，我们可以总结出以下提问思路，解决问题：

1. 你真正的目标是什么？包括隐藏的目标？（厘清目标）

2. 你现在的心理状态与感受是怎样的？具体委屈在哪里？（反映真相）

3. 你是否曾令二哥意识到其孝顺父母的方式和标准上的问题？（心态迁善）

4. 你是否有站在二哥的位置设身处地地思考？（心态迁善）

5. 如果与二哥这种不和睦的关系持续下去，将对父母产生怎样的影响？（了解解决与二哥关系问题的重要性与迫切性）（心态迁善）

6. 尽早让二哥学习到一家人相处的经验及建立起融洽的沟通，是否比把父母放在哪里住更重要？（厘清目标）

7. 二哥如此的认知与状态，你有什么样的责任？你是否把成长的空间留给他？（反映真相）

8. 你下一步希望与二哥建立一种怎样的关系，对你、父母及二哥才是最好最开心的？（行动计划）

案例中，小敏对二哥存在很大的意见，不愿意与之沟通，也不愿意正面解决问题，她唯一的信念就是——你错了！我对你意见很大！我们都以为自己才是对的，所以很少对别人的劝谏欣然接受，总想着先去改变别人，而不是改变自己。

你有你的对，我有我的对。每个人讲故事的版本肯定是不一样的。就像“小儿看日”，他们坚持自己看到的才是真的，那么太阳到底在天空正中，在东面，还是在西面呢——大家都是对的。

执着于对和错，以此来做评价和判断的时候，就无法跳出自己的立场客观看待事情本身。我们都喜欢在自己熟悉的安全范围内考虑问题，其实海阔天空，何必将自己置身于鸟笼当中，错失掉更多的可能性？

在心理学上，人们都有保持良好自我感觉的需要，以维持合理的自尊，即认为自己是好的，有能力的。正是这种维护自我形象的潜在需求，才使得在真实地反映世界与保持良好自我感觉之间，我们往往选择后者。它让我们觉得自己能够控制环境，当有不好的事情发生时，就会归于外界，只愿意相信自己是对的，所以拼命想要改变对方，以使对方进入自己可掌控的范围内。遇到这样的问题，我们更应该做到心态迁善，以同理心去体谅他人。

●时刻提醒自己

【我们从来都是对的】

1. 先释放，方能达到迁善。
2. 外在世界的一切是自己内心世界的投射。
3. 接受过去，未来是自己可以创造的。

●练习

在教练技术中，发问是探索的开始。有力的发问能帮助人们从纠结的思维泥沼、旧有的评价标准中挣脱出来。这一节的案例中，我向大家展示了不同类型的问题在对话中所产生的作用。作为教练，不是放任自己去建议，而是帮助当事人建立强有力的内在提问系统，相信他可以靠自己找到最佳答案。

因此，我们通过下面这个练习感受建议和发问的不同：

亲爱的小蕊：

我现在的生活遇到一些不如意的事情，需要你的帮助。我做家庭主妇已经十年了，几乎把所有的精力和时间都花在两个孩子身上。但是，丈夫并不理解我的辛苦，他认为这是应该的，根本无视我的感受。这令我很难过，我不知道自己的婚姻如何继续下去。我该怎么办？

感谢！

安岚

亲爱的安岚：

不要再这样纠结自己了，我相信他是爱你的，只是工作原因不能总是陪你。我想你或许可以利用闲暇时间发展一些自己的爱好，你说过你喜欢画画，为什么不学呢？千万不能在婚姻中迷失了自己，我相信你以后的生活会越来越充实。

加油！

小蕊

亲爱的阿舒：

我现在的生活遇到一些不如意的事情，需要你的帮助。我做家庭主妇已经十年了，几乎把所有的精力和时间都花在两个孩子身上。但是，丈夫并不理解我的辛苦，他认为这是应该的，根本无视我的感受。这令我很难过，我不知道自己的婚姻如何继续下去。我该怎么办？

感谢！

安岚

亲爱的安岚：

我想知道的是，你想让我帮助你的事具体是什么呢？是希望自己可以找一份工作，还是渴望丈夫有更多的时间陪伴家人，或者是想要改善你们彼此之间的关系？

从什么时候开始你丈夫变得不理解你？

你们这段时间经历过什么吗？

在这件事情上，你真正想要的是什么？

为此你认为自己需要做哪些改变呢？

你们之间有过沟通吗？

当你带着抱怨、愤怒的情绪去表达的时候，他以怎样的态度对你？

你们做出什么调整来改变目前的现状呢？

当你决定这样做以后，你首先要怎么做最好？

没关系，你可以慢慢思考这些问题，我只是希望你能更清楚自己真正想要什么。期待你的回信。

祝一切都好！

阿舒

我相信你一定可以看出来安岚能从谁那里获得最大的帮助和支持。迷茫的时候，我们总是很愿意从别人那里听到确切的答案，告诉我们应该怎么做。然而，这样的建议很难产生持久的作用，我们需要的不是他人的建议，而是自己寻找解决的方法，只有这样，我们才会为自己的选择负责任。

●更多建议与箴言

【我们从来都是对的】

许多人在初次运用这个方法教练他人或自己时，不知该问什么，以为发问就是在教练。因为担心尴尬就一味地发问，恨不得用问题把对方“淹死”，或用“连珠炮发问”“搜肠刮肚的问题”没有方向地将对方乱棍打晕，或用问题做遮羞布来遮掩聆听的休克、拖延时间。这样的发问，都没有达到启发的效果。

什么样的问题是启发性问题？如何让启发性发问更有效呢？

启发性问题围绕六个方面来发问：5W 和 1H，即：谁？(Who)；何地？(Where)；做什么？(What)；为什么做？（Why）；何时做？(When)；如何做？(How)。给出这六个方面，目的是让我们的问题直奔主题，节省教练时间，提高效率。

教练要做的是“从黑暗问到黎明”。最开始，对方的资料和情况对我们来说是一片漆黑，如果能一直问到真相大白，不仅教练明白了，被教练者自己也可以从中找到答案，发问的目的也就达到了。

知道了发问的方向，教练要对自己每一个问题的出发点有清晰的了解。一般来说，启发性发问分为以下七类。

资料性问题：对事件基本状况的收集和掌握，多用于教练的前半部分。资料充分是教练成功的前提。要得到足够的资料，既要有好奇心，也要有耐心。

- 现在情况怎样？
- 有什么事情发生？
- 有什么原因引致这样的成绩？
- 有什么在困扰你？

选择性问题：正确的答案由正确的问题开始，把选择权还给被教练者，会为其带来更大的力量。它是“以人为本、还事于民”教练思想的体现。

- 你计划在今年还是明年做到这个项目？
- 你的目标是想尽快赚更多的钱还是想将企业规模做大？
- 遇到压力时，你习惯是找人倾诉还是自己躲开？
- 你会让自己回避还是面对这个逆境呢？

引导性问题：教练过程是一个方向性、策略性的过程，所以会用很多问题引发客户看某些特定的方向。例如，如果当事人希望增加企业的销售额，可以问“你看到同行排在前两位的企业做得好的地方是什么？”“有没有问过你的业务人员该怎么调整？”“你在产品上有什么优势？”

- 你是否留意自己对这件事情的反应是怎样的？
- 你这样做反映了自己怎样的心态？
- 你需要进行哪些方面的调整才会更有效地达到目标？

- 你留意到的对方的优点是什么？

测试性问题：检测客户的真实状态，有效调整教练方向。

- 对这件事情、这个人，你有什么看法？
- 如果对方不支持你，你会怎么办？
- 别的小组成果超过你，你有什么想法？
- 面对做不到的成果，你有什么体验？

可能性问题：启发客户从不同角度看问题，突破局限。

- 你认为在人与事方面的调整会带来什么效益？
- 如不改善此情况，会导致什么影响？
- 你可以做些什么去改善目前的情况？
- 你还需要什么其他资源？

宣言性问题：确认客户下一步的行动与成果，多用于制订行动计划中。

- 你会采取什么行动？
- 下一步要达到什么成果？
- 最快是什么时候做到？
- 具体成果是什么？

挑战性问题：冲击客户的信念，支持其调整心态，多用于创造心态张力。

- 只可以是这么多？
- 如果要更快做到，可以是什么时间？
- 是否已经做到最好？
- 哪方面有所保留？

本章总结

核心思想：

避免成为“标签”效应的受害者，训练自己去观察并接受观察到的东西，不要急于评价和判断，然后进行思考。

深入剖析：

●你是否喜欢对他人评头论足？

●对他人的评价、否定或讥笑，会使你内心更宽慰吗？或者它只是你内心脆弱的表现？

第四章

HOW TO DISCOVER AND ACCEPT THE BEAUTY IN IMPERFECTIONS BY OURSELVERS

感受彼此，消除观察者与被观察者的时空距离

在欣赏中发现对方的价值

我非常喜欢骑马，是马术俱乐部会员，但最开始练习马术时，却没少走弯路。我骑在马背上信心十足，可每当尝试跨越面前的那道障碍时，却总是无法顺利地完成那个在我看来应当十分简单的动作。后来我才发觉，心中对障碍的“恐惧”才是无法跨越障碍的最终原因。虽然这些并未通过身体语言表达出来，但身上散发的“恐惧”“担心”“不确定”等讯号，会经由身体的每一个细胞传达到马的身上，使它接收并产生与之对应的反应。

在恐惧的能量场里，无论我的双腿如何夹着马的身体传递跳跃指令，无论我怎么用缰绳指挥它，马在跑到障碍前都会退缩下来或者拒绝跳跃。

显然，我在马背上所经历的明显是一种干扰，更准确地说，是恐惧造成的干扰。这种恐惧完全动摇了我的信念（我不敢相信自己是否还能跨越障碍），扑灭了我的热情（我认为这很难完成），干扰了我的专注（我把注意力完全放在正在面临的恐惧上）。

这种内心的恐惧是我们对外部干扰的回应。当我们凭借想象给自己讲“故事”时，当我们以“战战兢兢”的心理来面对周围的状况时，当我们以为看到的就是事情的真相时，内心就无法平静，无法真正去体验和感受。这时，我们需要在脑海里练习说“是”，告知自己事情不是我们想象的那样并尝试接纳它——接纳的目的是告诉自己不要夸张或小题大做，我们有能力处理好现实的状况。

我们往往被想象击败，人与人之间的交往亦或如此。带着干扰，我们很容易在交往中给对方贴标签，用自己的一套价值标准去评判美与丑、好与坏、喜欢与不喜欢，而不是真正接纳对方，接纳其优点和缺点，因此，也就很难在交往中客观地去感受彼此，看清对方，人与人之间的距离也就这样非理性地产生了。

为了避免错误信念给我们与他人的关系带来干扰，为了把自己从过度的自我想象中解放出来，我们需要学习另一种交流方式——在与对方的相处中带着开放的、欣赏性的眼光去看待、接纳他人的性格与能力。

建立与他人良好的关系，需要我们培养一切形式的爱。主动欣赏他人是帮助我们建立与他人良好关系的第一步。

我们常常鼓励大家要相互欣赏，正如维克多 · 雨果所说 ：“欣赏中有一种说不上来的东西，它滋养、凸显、抬高了聪明才智。”通过欣赏，我们能激发他人更好的表现，这就是心理学上所说的“人际吸引的相互性原则”，即人们更喜欢与那些欣赏自己的人交往、合作。这也是为什么无论在工作中还是生活里，“欣赏”是大家愉快相处的一个重要因素。人与人之间的情感是相互的，如果我们释放出不喜欢他人的气息，对方接收之后，也会对我们产生排斥。在教练技术中，可以把欣赏他人的过程理解为通过赢得对方的好感，再达到影响对方的目的。

这个原理非常适用于处理当今社会管理者们与员工之间的关系——甚至可以修补已经受损或没有成效的关系。

两年前，我在上海培训一家公司的管理团队，在听了公司的情况后，我简直不敢相信这是真的 ：这家运输公司每年因员工看错送货订单，使约 6% 的货物送错地址，造成每年高达 300 万元的赔偿金。通过主管的叙述，我发现，看错订单送错货，很大程度上是因为负责物流的员工没有得到公司应有的尊重。虽然“送货”是公司流程运转上非常关键的一环，但他们似乎并未对这个团队给予足够的肯定和重视。

事实上，这种不珍惜员工的情况在企业管理中并不少见，有的管理层认为员工无非是“机器”，坏了再修，修不好再买新的。还有的领导态度十分傲慢：“现在就业形势不好，还怕招不来人？”他们把自己当成了员工的“救世主”，而把对方视为可任意指挥的对象，以高高在上的态度去对待员工。在这里，主管们的干扰主要来自对上级与下级相互关系的看法和心态。人人都有自己的优势，无论职位高低，我们只有用欣赏的眼光，才能从对方身上挖掘出闪光之处。

对此，我的主要建议之一是，给所有送货的员工或者司机一个“技术员”的头衔。半年之后，我得到这样的反馈：员工们的服务质量大幅提高，原来6%的送货错误率降到了1%。也就是说，仅仅改变了员工的头衔，就让这家公司每年节省了250万元。

在行为心理学中，得到他人的珍惜、肯定和欣赏能够对人的心理起到正面强化的作用。它能让我们更加认可自己的行为与表现，提升自尊和自信。这种正向情绪能消弭人与人之间的隔阂，创造出更强的情绪连结。相对地，责备、批评和惩罚会带来负面的影响。如果管理者善于运用肯定、赞扬来激励员工，即使是一些令人提不起精神的琐事或麻烦的工作，也能激起个人的热情。

这也是为什么我们会发现，如果领导格外欣赏团队中的某位员工，对他满怀期待，他也能感受到这种欣赏和激励，那么，这位员工的努力程度和自我要求就比其他人要高出许多，往往会是最富有激情、最愿意面对挑战的那一个。同时，他对团队目标的认可程度也是最高的，会成为团队中不可或缺的人。

作为一个教练型领导人，在激励、欣赏员工时，我们也要避免自己的说话方式陷入对对方的评价和判断中，走进非此即彼的思维循环。我在做教练时发现，许多企业高管好胜心很强，他们在工作中凸显自己的能力和价值，却忽视了欣赏和支持员工，无法帮助员工提升表现。用正向心态去看待每个人身上的特质，是教练工作的一切前提和基础。企业管理者可以践行这个思路，以接纳和欣赏的态度去面对团队或员工，寻求对方的支持，从而激发所有人朝着自己想要的目标行动。

下面是两位管理者以不同的方式与员工进行沟通，我们一起来看看哪一种符合教练型领导人的表达方式。

封闭式谈话：“我从事这个领域的时候，你还不知道在哪儿呢！”

开放式谈话：“我们用这种方式操作已经很多年了，但我想听听你的看法，我们怎样才能做得更好呢？”

很显然，封闭式谈话以自己的权威压制他人的能力，没有给对方表达自我意见的机会；开放式谈话则体现了对他人的欣赏和尊重，相信对方有力量和资源以自己的方式行动并做到。

在团队中，管理者要善于运用正面积极的心态，接纳、珍惜并欣赏员工，对他的付出和努力做出及时反馈，特别是表现突出的部分，以此强化正面体验。同样道理，员工之间相互欣赏、相互支持，也能创造良好的工作氛围，向共同的目标奋进。

我从朋友那里听到这样一段经历：她的好友朱迪曾到一家著名的广告公司求职，并顺利地通过了第一轮测试，成了九位入围者之一。第二轮测试内容很简单：让每位入围者按要求设计一件作品，当众展示并让另外八人打分，写出相关评语。朱迪在评分时，对其中三人的作品非常佩服，怀着复杂的心情给他们打了高分，并写下了赞语。令她意外的是，最后她竟入选了！而更意外的是，她欣赏的那三人中只有一位入选。她不明白这是为什么。后来，这位广告公司的主管说：“入围的九个人可以说都是佼佼者，专业水平都很高，这固然是很重要的方面。但公司更关注的是，入围者在相互评价中能否欣赏他人。有些人自以为是，看不见别人的长处，未来进步的空间也就不会太大。落聘的几位虽然专业水平不错，但遗憾的是他们故步自封，公司不会考虑这样的人。”

把对他人的欣赏转换成教练的原则，就是：带着欣赏去聆听他人的愿景，看到对方的长处和特质，并激发对方取得成功。让对方感受到此时聚光灯正打在他身上，他正在获得肯定和支持，这个过程正是接纳对方、欣赏对方的表现。

一位在广州学习教练技术的学员陷入了两难。他的妻子远在外地，而在广州的这段时间里，他和自己大学时的初恋重燃爱火。这使他感到非常矛盾，一方面他想要做一个负责任的男人；另一方面又感觉自己放不下眼前这段感情，不知道该如何抉择。我们都知道，人的惯性思维是“没有得到的才是最好的”，而懂得珍惜的心态则教会我们“拥有的已经很好”。前者让我们永远都无法获得满足，后者则让我们开拓了看待他人的角度和视野，发现人和事物的美好。我们所拥有的，都是自己努力得到的，是多年人生的收获，是生命的重量，为什么不能珍惜自己手中的呢？当我们不再企图去改变外界，而是改变自己的信念和心态，就会发现自己心中的答案。后来，这位学员在教练的启发下处理好与初恋的关系后，就把妻子连同父母都接到了广州。

教练的职业特征要求我们相信每个人都是愿意向善和上进的，人们内在已经拥有实现目标所需的资源。因此，我们需要找出谈话伙伴身上的长处和积极正向的观点，并予以赞扬。通过温暖的鼓励和支持，对方或许会发现个人的价值，这会激励他们改变和前行。一旦人们重获信心和目标，就会走进内在的平和里，走进心之所欲的积极情绪之中。

水能载舟也能覆舟。教练的工作是支持个人和团队成长，促成目标实现的过程，同时也是减少当事人的干扰，激发人生理想，充分发挥潜能的学习过程。教练所凭借的不是什么秘诀、流程和技巧，而是强大的信念。

●时刻提醒自己

【在欣赏中发现对方的价值】

1. 欣赏不是争辩，而是接纳。

2. 欣赏不是被对方的优秀所压倒，从而放弃行动，而是应该行动起来，向对方学习。

3. 相信对方的每个行为都有正面的动机。

●练习

如何把欣赏付诸实践呢？下面是关于欣赏的几个练习：

1. 从“欣赏”的角度看待自己身上的特点，并把它们写下来；

2. 每晚入睡前回想一下，当天新结识的朋友或者共事多年的同仁有哪些特质是值得你欣赏的？可以写在一张纸上，这会改善我们的情感状态；

3. 想象你心中最不认同的那个人，尝试在以后的相处中努力使对方展现他的优点。例如在聚餐中，不要只是“忍受”那个人，而要让他讲大家都认为有趣的事，在这个过程中，打开自己的觉知力，建立对他人的欣赏和认可。

●更多建议与箴言

【在欣赏中发现对方的价值】

◎每一个人身上都会有闪光点，要想成功融入团队之中，善于发现工作伙伴的优点是第一步。适度的谦虚并不会让人失去自信，只会让我们正视自己的短处，看到他人的长处，从而赢得众人的喜爱。我们应把更多的注意力放在发现别人的强项上，而不是一味地强调自己的长处。取长补短，良性竞争，是团队健康发展的重要前提。

◎虽然管理者都知道给员工好处和奖励，能够激发员工的干劲儿，但其实大部分管理者并不经常使用奖励。美国劳动部的调查表明，有超过五分之三的员工表示在一年的时间里从未听到上司赞赏和鼓励的话，而人们选择离职的原因之一就是没有感受到被欣赏。

信任的表现是相互创造

如何理解信任？我们可以回忆一下自己在信任他人时，心里怀揣的那份感觉：期待自己与人合作的愿望不要落空，期待自己的信任不要被他人利用，不被当作欺骗的手段。信任之所以在我们心目中很重要，是因为它能使社会中的人际关系朝着更加美好的方向进步，使我们生活的世界更为人性化。

那么，许多人会质疑，信任他人就没有风险吗？当我们问自己这样的问题时，就是在谈信任的条件了。当信任变得有条件时，我们就会花很多时间去观察、防备、监督和证实，因为我们总是在看清楚人家做了什么、是什么行为后，才决定信任或是不信任对方。在这样的信念模式下，信任被我们认为是源自外界的，来源于对方身上，我们只需观察对方、发现对方，仿佛一台雷达，每天打开天线，到处搜查，看看对方是否具备“值得信任”的特征。

试问自己，坐飞机前，你会选择相信航空公司还是选择相信飞机的机型？你有考虑过航空公司的经营规模吗？你考察过飞机机型的制造状况和安全性吗？你究竟相信哪一个？是什么原因让你决定乘坐这架飞机？我想你当然知道答案，因为你只信你自己。既然如此，为什么要把外界作为我们相信与否的标准呢？这是信任吗？还是你根本混淆了信任和信誉的区别。

银行愿意给你贷款不是由于信任，而是它相信自己可以把账追回来，因为你的信誉在它那里有价值，你抵押的房契、你偿还的利息，都让对方看到其中值得信任的因素，所以合作才会生效。信任并非信誉，信誉是有条件的，信任则不需要条件，我信任你，这份关系是“我”来创造的，这样我们的焦点就会放在现在和将来。

当然，这并不意味着我们要盲目地去信任一个人。一开始，我们要尽可能最大限度地信任对方，在没有证据证明对方不可靠之前，不要给自己预设答案。“我信任你”即是前提，这使我们之间能保持良好的合作关系，共同创造美好未来。

信任是下一步信任产生的条件，它会使我们收获一连串的信任回馈，反之亦然。但即便如此，仍然有很多学员对于无条件的信任表示怀疑和困惑。

我遇到许多企业高管，他们的能力很强，却总是向我抱怨说无法找到一个值得信任的下属和员工。

“为什么发生这种状况？”我问道。

“我不知道，觉得交给下属去做我不放心，还是亲力亲为比较踏实。”

“可是，作为企业高管，将任务分配下去不正是你的工作吗？因为你不信任下属，所以他们也无法对自己处理的事情做出决策，每当遇到问题时就会找你说‘经理，我遇到了一个问题’，如此，责任便顺利地转移到了你这里。他们离开后，你只能耗费时间和精力去处理这些事情。”

“是的，听起来好像是这样，问题就在于我不敢放手让下面的人去做。”

“意识到问题所在，你决定接下来如何采取行动了吗？”

“是的，可我担心的是，我如何保证下属就一定能完成我希望他们完成的任务呢？”

“付出信任本身就是一种冒险，我们都无法确保当自己信任别人的时候会一帆风顺，也不可能发生这样的情况——一信任就一劳永逸。但如果我们不信任，就没有办法和他人开展很好的关系。信任之后再做什么，那是另外一回事。但是第一步不做好，以后就很难有好的发展。”

“这就是说，在我信任下属并授权工作时，一开始就要无条件地信任对方吗？”

“并非无条件，而是灵活地掌握信任的尺度，我们不能因为自身的因素，如怀疑、焦虑、害怕对方不如自己做得好等原因去预测结果。不怕被辜负的信任才是信任关系的开始。在这里，我们往往存在一个误区，认为‘我信任了就万事大吉，就等对方做些什么了'，而当对方做得不好的时候，就会换来你的责备。此时，你会认为自己信错人了，甚至开始怀疑自己信任他人的能力。"

"所以，信任是需要每天创造的？"

"没错，很多时候我们以为自己对对方有了信任，就对他非常放心，什么都不管，最后对方没做好，自己就后悔了。所以，信任不是放任。信任后面还有监督、管理与沟通。其实，人与人之间存在着互惠的影响力，就像我从你这里获得一件很棒的礼物时，内心会觉得欠你一份情。因此，当别人视我们为'值得信任'时，我们内心会为这份压力付出回报。也就是说，当我们发现对方信任自己时，就会加倍为这份信任做出努力。"

"我想我知道该怎么做了，我的确需要改变过去的那套方法。"

"如果你决心开始做一些改变，那么你打算什么时候开始？"

"今晚我回去做一个计划，明天上午要开团队会议，所以，我需要把我的想法和大家好好沟通一下。"

"好的，现在，让我们梳理一下你的行动计划。今晚你回去做一些准备，明天将你的想法在会上与大家交流一下，如果需要的话，还会对团队结构里做出一些调整。你认为这些行动能够帮助你解答最开始的疑惑吗？我记得，你想要的是一个关于如何处理'自己处理的事情太多'而又'找不到信任的下属'的问题。"

"没错，这就是我想要的。我很满意这个结果。"

这次谈话不超过二十分钟。谈话帮助这位高管从"抱怨自己找不到可以信任的员工""我的职位很重要，必须亲力亲为"这一状况所带来的干扰，将关注点转移到需要解决的具体问题上。不仅改变了他以往对信任持有的偏见，也使他看到了自己的可能性，最主要的是激发了他的员工的工作潜能和热情。

信任与他人无关，只在于自己。就企业来说，当领导在心态上无法信任员工时，便会采取很多不信任的管理措施。例如要求员工上下班打卡，不打卡就扣钱；要求员工填写工作绩效报告，时刻处于紧张状态等。因为他们不相信员工会主动想要做好工作，不愿意让员工自己找到完成目标的方法。这种控制的手段使员工从信念上认为工作是老板的，无法从心态上做到真正对工作负责。

当然，世界上总有那么多不守诚信的人，但是，“我信任你”，主动权在“我”，而不是将责任推给对方，把事情没有做好的原因推到被信任者身上。就像《自尊的力量》中说：“信任的含义可以这样理解：学会接受这个不完美的世界和他人。清醒理智的信任就在于不要依赖对方的不完美，也不要因为对方的不完美而痛苦。”

●时刻提醒自己

【信任的表现是相互创造】

1. 信任需要每天创造。
2. 言行不一的“信任”，不是真的信任。
3. 信任不需要条件，不因对方做了什么才去信任，而是你愿意信任他。

●练习

一天，我正在开车的路上，接到了一个员工的电话——这位员工的工作态度一直十分消极，而且总爱抱怨客户。这次打电话来，又是因为与对方沟通产生了一些问题。如果在以前，她来办公室找我，我会停下手头的事情，仔细询问发生了什么问题，然后告诉她应该怎么做。但这次我想改变方式，如果你是我，你会采取什么方法高效地解决目前的状况？

●更多建议与箴言

【信任的表现是相互创造】

◎最大限度地信任对方，不做没有证据的假设。从长远来看，相互信任无论对个人还是社会，都是有利的。

◎改变关注点，进而提升执行者的信念和热情。假设你是一名团队的领导，在与下属沟通时，不要总是自以为是，告诉对方他们要做什么，而是通过授权，让对方清晰自己需要做什么以及这样做的原因。

按照你愿意别人对待你的方式去对待别人

看待问题时，我们常会从“自我”的角度出发，从而忽略倾听对方的声音、尊重对方的需要。如果我们不倾听，就会失去关键的信息，我们依旧会在旧有的信念模式下采取行动。这样做的后果是，彼此的目标产生冲突：

√家庭中，丈夫想要在周末睡个懒觉；妻子希望他现在就起床打扫房间。

√公司里，上司想要干预你正在进行的项目；你希望他不要插手，以免打乱你的计划。

√课堂里，学生自我感觉良好；老师希望他们的表现进一步提高。

√团队中，员工对现状很满意；管理者希望他们能提升业绩。

此时，我们都纠结于自我的心智模式中，为对方无法按照自己的意愿来达成我们的目标而烦恼。但是，如果我们采取有效得当的方法，就既可以保持自己对他人的尊重，也可以实现自己的初衷。

在一次课程中，一位广告公司的主管和我谈到他近来在工作中遇到的困境。他到这家新公司工作不到半年，半年时间里，他并未像曾经跟经理许诺的那样提升公司的业绩，相反，业绩甚至出现下滑的趋势。为此，这位主管决定采取行动改变目前的状况。面对这样的局面，我们可以根据四步教练技巧帮助主管厘清他在这段关系中想要实现的真正愿景。

- 你想要的目标是什么？（提升业绩）
- 目前的状况是怎样的？

  发生了什么？（业绩并没有提升）

  为何会发生？（团队中只有我一个人认为这是一件重要的事情）

  你对对方在这件事情当中的态度看法是什么？（我认为员工态度消极、懒惰）

  怎么做才能让对方看到这件事情当中你们有共同的利益？（让他们看到提升业绩对他们有何好处）
- 你对待这件事情的信念是什么？

  你的关注点在哪里？你更关心的是对方是否会按照我说的去做，还是事情得以解决？（我更在意对方是否听我的）

  当你知道如何做能使你们的合作更融洽时，你愿意做出哪些改变？（不以自己的意志代替他人的意志，充分尊重对方，按照我愿意别人对待我的方式对待别人）
- 你的行动是什么？

  怎样的对话才能达成你们共同的目标？（同理倾听，给予选择）

  你会通过怎样的话语来表达？（真诚地表达、分享我的看法，接纳对方的建议）

许多时候，我们都会像这位主管，基于自己的想法和要求对他人提出期望，然而，由于缺少感恩、尊重与信任的信念，我们无法真正觉察到对方的需要，更无法知晓他们想要被对待的方式。如此，对方心态上的抗拒就会通过消极的行动呈现出来。原来，这才是最根本的问题，我们没有将心比心。比如，我们希望别人帮助自己，认为这就是我们应得的，可是，我们是否也会问自己，“我愿意帮助别人，为别人付出吗”。同样，主管觉得我是领导，我说什么大家都应当照办，但是，你是否愿意换一个角度来思考：如果你是员工，你想要你的领导以怎样的方式对待你呢？怎么做才能支持你摆脱目前的困境？你认真地倾听过对方在这件事情上的想法吗？

现在，让我们来看看，主管如何在教练技术的启发下开始与员工的对话。

主管：我想与大家分享一些最近我们工作的数据，然后大家可以发表各自的看法，谈谈自己是如何看待这件事情的。如果大家都觉得没有问题，那么，我希望我们能找到一种让彼此共同满意的方法解决这个问题。【同理倾听，并表明一起合作解决问题会带来双赢局面】所以，大家介意我耽误你们十几分钟的时间吗？【询问许可】

员工：（不情愿）唉，好吧，这次又要下达什么任务？

主管：我来这里工作不到半年的时间，但你们当中的许多人已经在这里工作了四五年，很多人都是陪伴公司一步一步成长起来的，你们的付出是有目共睹的。但是不知道什么原因，近半年的时间里，大家的业绩并没有提升，反而还有所下降。【清晰地陈述问题】

员工A：就像你看到的，公司近半年来很多部门都在进行重组，人员流动率很大，这对我们的工作当然有影响。【试图转移责任】

员工B：没错，别说其他部门，我们部门也有许多能干活的人离开了，现在，我们的工作量是从前的两倍。【把自己当作受害者】

员工C：这的确不是我们的问题，也不是我们想要做好就能做好的。公司近半年开发的这个项目在顾客当中的口碑并没有预期那么好，我们多次向技术部门反馈，但他们并没有做出调整。【又是一次转移责任】

主管：这些问题我都知道，可见我们都承认业绩下滑这个事实。我不希望问题一直困扰大家，所以才希望能和你们一起找到解决它的方法。【强调共同的目标】我承认你们说的，工作量增加了，但事实上，相对于几年前我们开拓一个新的市场，目前的工作可以说要简单许多。【陈述事实】你们也知道，我目前的工作职责不允许我插手其他部门的事情，而我目前能想到的就是和大家一起好好想办法，来解决我们部门的问题。你们觉得怎么样？【澄清事实，解决问题与回避暂时的困难相比，我想要前者】

员工：好吧，先从我们自身的问题开始说起。

谈话中，主管在心态和信念上的改变是通过以下技巧获得的：

1. 平等分享，消除员工对主管谈话意图的防备。

“我想与大家分享一些最近我们工作的数据……”

2. 同理倾听让对方感受到尊重和理解。

“我希望我们能找到一种让彼此共同满意的方法解决这个问题……”

“你们的付出是有目共睹的。”

“我承认你们说的，工作量增加了……”

3. 表达对问题的共同责任以及共同的目标。

“我不希望问题一直困扰大家，所以才希望能和你们一起找到解决它的方法。”

4. 坦诚相告，将大家的关注点转移到目前亟需解决的问题上。

“我目前的工作职责不允许我插手其他部门的事情，而我目前能想到的就是和大家一起好好想办法。”

主管没有陷入指责员工致使业绩出问题的情绪中，而是通过同理倾听、询问许可体现了他对属下的尊重。在心理学上，我们将它称之为“共情”，即我们进入对方的觉知世界，准确地体验对方正在体验的感受，这一刻，我们需要对对方内心感受的不断变化保持觉知和敏感，如愤怒、恐惧、困惑、渴望被理解等。自如地处于其中，而不去做任何判断，不以自我的情绪干扰对方。在那里，我们就是对方知心的陪伴者。

共情并不意味着失去自我，否则，我们就失去了作为观察者的客观角度。共情是充当对方的一面镜子，将镜子里的内容反馈于他，使他看见自己所处的状况和困境。我们不是问对方“这是对的吗”，而是问“它的意义在哪里”，不是问“你怎么证明这件事”，而是问“你经历了什么，使你采取这种立场”。这样会促使对方更好地叙述概念背后的故事，以便我们能更好地理解事情真相，给予有力的支持。

有的谈话中，对方会通过语言以自我防卫的方式攻击你，这并非真的针对你，而是他不想陷入到那些曾经让他不快的事情中去。如若我们无法全然体会谈话伙伴的感受，就很容易对对方产生反击和评判，这样一来，我们就无法真正觉知对方了。

反观职场，当员工感受到来自主管的信任和体谅，即感受到对方对自我情感的尊重，并且意识到主管是真的想要解决问题，而不是用权威来命令和责备，新的可能性就出现了。他们会更加愿意敞开心扉表达自己的想法，愿意为共同的目标积极行动。

●时刻提醒自己

【按照你愿意别人对待你的方式去对待别人】

1. 同理倾听，同时相信自己的看法会被倾听和理解。

2. 认可他人所做的努力与付出。

3. 让各自的目标汇聚成大家的共识。

●练习

先看一段夫妻间的对话：

女：你晚上要加班吗?

男：对啊，没办法，临时有事。

女：不是说好了今晚去看电影的吗?

男：我之前也不知道啊!

女：你就知道加班加班，总是忽略我!

男：你又在无理取闹，真烦人!

女：我说错了吗? 你总是把工作放在第一位，我在你心里一点都不重要。

男：我这么辛苦的工作，你一句安慰的话都没有。别人的太太都会心疼，你就只会抱怨。

女：我照顾家里也很辛苦，别人的先生都很体贴，你却从来都不体谅我。

……

接下来，尝试按照你愿意别人对待你的方式去对待别人的方法，将这段对话再叙述一遍：

女：你晚上要加班吗?

男：____________________________________

女：不是说好了今晚去看电影的吗?

男：____________________________________

女：____________________________________

男：____________________________________

女：____________________________________

男：____________________________________

提示：在第一段对话中，夫妻双方都沉浸在各自的观点和情绪中，无法真正倾听对方，以致陷入争执。在练习中，我希望你能换一个角度，假设自己是当事人，会选择怎样的表达方式。既可以和朋友一起练习，一人分饰一角，然后角色互换，也可以自己模拟对话情景。

●更多建议与箴言

【按照你愿意别人对待你的方式去对待别人】

◎尊重对方需要我们做到倾听。倾听与其说是听，不如说是通过听表现出接受、理解和共鸣。倾听很容易让人感受到被信任和被重视。如果有人很愿意听你讲话，你会如何呢？当然是更愿意表达了！也就是说，倾听是在鼓励对方积极地讲说、开放地叙述，是掌握更多信息的必经之路。

◎在与他人的沟通过程中，为了更好地回应对方，我们可以提出开放式的问题。开放式的问题展示了我们对他人的尊重，含有我们对对方的期待：他有能力为自己找到答案。当对方感觉到自己是可信和被认可的，就会更加愿意对自己的行动和想法负起责任。

合作是有利的利己策略

在这个纷繁复杂的社会中，每个人都需要借助他人的智慧完成自己人生的超越。共赢的心态是让我们在与他人的交往中形成一种互惠的信念框架与心意，它可以使我们收获更丰盛的机会和资源，同时，我们也不再以敌对的方式看待竞争。共赢心态注重的是“我们”而非个人。用过筷子的人都知道，两根筷子放在一起用才能夹到你想品尝的佳肴，我们与他人的关系就像两根筷子——合作是有利的“利己策略”，与他人共赢能让我们赢得更多。

社会学家曾将共赢比作是一顿各取所需的自助餐，人人都是胜利者，这是一种既宽容又尊重他人的观念。

若想在工作或生活中获得更多能量，就必须唤起他人合作的愿望，使其直接或间接看到自己的利益。共赢心态对于一个人做事的绩效有很大的影响。如果你在工作中是一个心胸开阔、乐于帮助别人成功和愿意与他人分享荣誉的人，那么你就不愁没朋友；如果你的周围充满了对你的成功感兴趣而又希望你成功的人，你在工作中就会充满与别人合作的热情。显然，这对你工作绩效的提高很有帮助。

输赢与共赢都是一种博弈，是定量分析事物之间矛盾冲突的基本工具之一。著名的囚徒困境就是博弈论的经典案例，了解这个案例有助于我们更好地理解共赢。

犯罪嫌疑人 A 和 B 同时因涉嫌盗窃被警方抓获，由于证据不足，检察官认定两人会被判刑两年。为此，警察单独将两人关在不能互通信息的房间里审讯，并对 A 说：“如果你单独交代，B 不交代，我们只会判你一年，你的同伙要判五年，如果你不交代，B 交代，那么他就判一年，你要判五年，但如果你们都交代，则都判三年。

为了更加清晰，我们可以参考下面的表格：

	A 揭发	A 沉默
B 揭发	两人同服刑三年	B 服刑一年，A 服刑五年
B 沉默	A 服刑一年，B 服刑五年	二人同服刑两年

从理论上讲，A 和 B 都应该选择不交代，才能使彼此利益最大化——都只判两年。但警方判定，两人一定会为了自己的利益出卖对方，如果两人都会选择交代，最终导致两人都被判三年。因为，A 是这样考虑的："B 如果不交代，那我肯定要交代，因为只判一年；如果 B 交代我不交代，那么我要判五年，如果都交代，只判三年，所以无论如何我都应该坦白。"B 同样也会这样推理，也就是说，如果 A 和 B 都为自己考虑，那么双方就会处于双输的局面，即个人的理性导致了集体的非理性。

这种"我得不到，你也别想得到"的心态是一种双输游戏，得到的是"负和博弈"，对大家都没有好处，并且要承担损失。如同在商业竞争中，理想的状况是有一个符合"游戏规则"的市场，所有的商家都能自动从市场上赚取属于自己的那份利润。然而，商家对利润的追求是无止境的，总想要从中作梗，最具代表性的一种是价格竞争。这种现象带来的后果是所有商家的利润都下降，反过来，为了保证商家有足够的销售动力，生产商会被迫加大给商家的折扣，也就是减少自己的利润来补贴商家。这就形成一个恶性循环。

我是在高二的时候第一次发现了共赢思维的奥妙。那时，我是学校篮球队的女篮队员，好朋友林林也是高二学生，同被选入学校篮球队。

我比较擅长中远距离投篮，一般一场球下来，我能投中四五个这样的球，而这也得到了大家的赞赏。但好景不长，林林显然不喜欢我在球场上成为观众的焦点，便有意让我得不到球。无论有多好的投篮机会，林林都不再将球传给我。

有一天晚上，在一场激烈的比赛后，由于林林在比赛中始终不给我传球，我有劲使不上，气得不行。我和父亲谈了很久，表示了我对她的愤怒。长谈之后，父亲告诉我说，他认为最好的办法就是我一得到球就传给林林。一得球就传给她？我认为这是最愚蠢的做法！可父亲却说这样做一定有用，让我仔细想一想。我才没那个工夫，我觉得这样做根本没用，便将他的建议丢在了一边。

很快就要打下一场比赛了，我决心让林林在比赛中出丑。我做了周密的策划，并着手实施让她丢脸的行动。当我第一次拿到球时，便听到父亲在观众席上大声叫喊，他的嗓音低沉——尽管我在打球时非常专心，不知道身边发生的事，但我总是能听到他低沉的嗓音。

我一拿到球，老爸就大叫："把球传给林林！"我犹豫了一下，还是听从了父亲的建议。虽然我也可以投篮，可我看见林林的进攻位置更好，便将球传给了她。林林愣了一下，然后转身投篮，手起球落，2 分。回防时，我突然产生了一种从未有过的感觉——为另一个人的成功而由衷地高兴。更重要的是，我知道我们的比分领先了。赢球的感觉真好！就这样，只要看到林林的位置更好，我就将球传给她，那天她手感火热，投进了很多高难度的球。下半场，对方加强了对林林的防守，我便将球传给其他更适合投篮的队员或者我直接投篮。

那场比赛我们赢了。在之后的比赛中，林林开始向我传球。我们的配合变得越来越默契，两人之间的友谊也越来越深厚。在那一年，我们俩合计的得分比之前高出不少，也赢了很多场比赛，而我们甚至成了家乡小镇中的传奇人物，当地报纸甚至专门写了一篇有关我们俩的报道。

旧有的思维模式让我们觉得，自己赢就一定有人输，要在现有的市场争个你死我活，而非通过合作把市场做大。此时，我们原本的目标被内心固有的信念所干扰——我们不再想办法把自己做大做强，却处心积虑不让对方变得更好。如此，行动也就偏离了原定的计划。

我有一位学员，她在美容行业拥有业内领先的技术，不久前，同行业的一家公司找上门来希望彼此能开展合作，共同研发新技术。这让我的学员苦恼不已。她找到我来寻求支持。

"当别人主动来找你合作时，你的感受是怎样的？"

"一开始我很高兴，对方来找我合作说明我做得好。"

"在与你交谈的过程里，你有留意对方的感受吗？"

“是的，我认为对方跟我谈到要一起开发新项目时，很激动、很开心。”

“那么，现在困扰你的是哪一方面的原因？”

“刚开始我真的很兴奋，可没过多久，我就开始担心，害怕一合作，自己原来的优势就不存在了。”

“合作新项目就一定意味着你会丧失以前的优势吗？”

“的确没有必然的联系。”

“面对目前的局面，你是选择共同做大市场还是选择保留自己的优势呢？”

“当然是做大市场了！”

“既然有了明确的目标，那么，其他的干扰还重要吗？”

“不重要，我知道我下一步要怎么做了。”

经济学上有个“帕累托效率”，即通过优化资源配置，争取实现以最小的成本创造最大的效率和效益。经常光顾麦当劳或肯德基的人不难发现这样的现象：麦当劳与肯德基这两家店一般在同一条街上选址，或相邻或对面，相隔距离往往不到百米。有些超市的布局也同样存在这样的现象，如在北京的北三环不到15 公里的道路两侧，驻扎着国美电器、苏宁电器、大中电器约 10 家门店。从一般角度考虑，集结在一起就存在着竞争，而许多商家偏偏喜欢聚合经营，扩大这个商圈中的消费者市场。

聚合选址不可避免地存在着竞争，竞争的结果是企业要生存和发展就必须提升自己的竞争力，家电连锁企业要明确市场定位、深入研究消费者的需求，从产品、服务、促销等多方面进行改良，树立起区别于其他品牌的形象。如果聚合的每一个家电连锁超市都能做到这一点，就可以发挥互补优势，形成“磁铁”效果，这样不仅能够维持现有的消费群，而且能够吸引新的消费者。

科学家发现，理论上，无论经过多少次博弈，人类行为合作的概率与不合作的概率总是近乎相等的。但他们通过实际调查发现，一旦有了一次或数次进行合作的良好回忆，在后来的博弈过程中，人们总会依靠记忆来主动寻找善于合作的伙伴。因此，我们需要通过觉知不断唤起大脑的神经元。当我们学会用我们的心智去做事，它将自动化，最终，我们会无意识地掌握它。

●时刻提醒自己

【合作是有利的利己策略】

1. 要想共赢，就要不把对方置于输的位置。

2. “我做不成，你也做不成”的心态，是一种双输游戏。

3. 以合作代替冲突，不会牺牲任何一方的利益。

●练习

以三人或者四人为一小组开展练习，每一位参与者都会收到一份“衡量自我贡献”的资料，如下：

根据以下 11 个情景，从 A、B、C、D 中选出与自己相符的答案，如果选择 C 或 D，请在“证据”后面举出例子，并列出原因：

A. 从不

B. 偶尔

C. 通常

D. 一直

1. 我投入地参加团队的会议。

证据：________________________________

原因：________________________________

2. 我表现出了积极的态度。

证据：________________________________

原因：________________________________

3. 如果我关注某件别人已说过或做过的事，我会直接找那个人，而不是与其他人谈论那件事。

证据：________________________________

原因：________________________________

4. 我能谦虚地听取别人的意见。

证据：________________________________

原因：________________________________

5. 我真诚地祝贺别人的成功。

证据：________________________________

原因：________________________________

6. 我对自己同意做的事能坚持到底。

证据：________________________________

原因：________________________________

7. 我面对非团队成员时能积极地维护我的团队形象。

证据：________________________________

原因：________________________________

8. 我愿意分担更多的工作。

证据：________________________________

原因：______________________________

9. 如果事实不清楚，我认真查清，而不是凭空设想。

证据：______________________________

原因：______________________________

10. 我寻找机会让别人成为“明星”。

证据：______________________________

原因：______________________________

11. 不管是什么，只要是需要做的，我都主动去做。

证据：______________________________

原因：______________________________

在进行自我评估后，与小组其他成员分享自己的评估结果，相互间按照以下陈述方式给予反馈：

（1）没错，我对你的评价跟你对自己的评价一样。

（2）我想，你在这儿低估了自己。比如……

（3）在这方面，如果你……将会为团队做出更大的贡献（肯定的例子）

练习的目的是让每个人确定并分享自己在团队中的积极贡献，也是为改进行动做出承诺。

●更多建议与箴言

【合作是有利的利己策略】

◎交谈中尽量用“我们”代替“我”，可以缩短彼此的心理距离，促进彼此之间感情的交流。如“我想，明天……”可以改成“明天，我们……好吗？”

◎说话时用“我们”开头。例如在公司会议上，你说：“我最近做过一个调查，发现70%的员工在上班时会浏览与工作内容无关的网页，我认为……”如果将上述讲话中的“我”用“我们”代替，效果会大不一样。“我们”将他人与自己联系起来，帮助我们获得更多信赖。

本章总结

核心思想：

通过与他人的交往，在彼此间建立一种全新的相处模式，如欣赏、信任、善意、分享、合作……通过培养自己敞开心扉的能力，感受积极正向的情感。

深入剖析：

- 你会在与他人的交往中不断发掘对方身上的闪光之处吗？
- 你信任对方是否以“他是否值得信任”为前提吗？
- 你是否会在不放弃自我立场的同时，也能做到尊重他人？
- 一时的赢换来长远的输，一时的输换来长远的赢，你将如何选择？

第五章

HOW TO DISCOVER AND ACCEPT THE BEAUTY IN IMPERFECTIONS BY OURSELVERS

感召价值：内在和外在结合的影响力

激发他人的理想，从而自愿采取行动

相对于感召，我们更熟悉一种简单粗暴的交流方式——命令。小时候，我们被要求该做什么不该做什么，如果不听话就会被父母训斥；上学时，我们被告知应当学习什么不应当学习什么，如果不听从就不是好学生；工作后，领导、上司也以同样的方式给我们下达任务，应该做什么不该做什么……这是我们大多数人曾有过的经历，以被下达命令的方式完成任务。

很显然，命令是有条件的，前提是发出命令者掌握一定的权力。在此基础上，通过从上到下的单向流通，传达至被命令者。命令很便捷，带有强制性，但它真如我们所希望的那样，将信息有效地传达给对方了吗？

有这样一个实验，一群人被分成A、B、C三组，每一组都采取不同的方法授予一些简单且相同的内容。A组的方法仅仅是“被命令”，B组是“被命令及示范”，C组则“被命令、示范以及体验”。一个月后，三组成员被要求回忆所做的事，A组的记忆率为70%，B组为72%，C组是85%；三个月后再检查，结果令人吃惊：A组的记忆率仅为10%，B组为32%，C组为65%！

可见，当一项任务仅仅是被命令要求完成时，传达的效果并不好，甚至还会产生负面影响。强制发出的命令没有商量的余地，重压之下，被命令者表面上服气，可内心愤愤不平。正如在企业中，因为经营状况的不同，员工面临被降薪和被解雇的风险，他们无法表达内心真实的感受，便可能将怨气转移到工作上，消极怠工甚至蓄意破坏，使企业经营雪上加霜。

让对方心甘情愿地行动并非易事，我们唯一能做的就是通过感召，让其自愿找到更好的方法。感召不同于命令，它带来的是一种启发和邀请，当我们从中找到内心想要的那份感觉，行动才会更有力量和目标。在教练领域，感召不是通过否定和压制对方来达成的，而是触动他的内心，让对方看到新的可能性，从而启动心态的转化过程。

下面是我在为企业领导人或团队管理者进行教练对话时经常使用的一些重要问题。当然，教练过程中提出的问题会因事件各异而具体去定，但这些问题被证明在大部分情况下是有效的。尤其对于处在教练新手阶段的人来说，无论是感召自己还是感召他人，这些问题都会启发我们用一些建设性的方法自我认知，同时在愿景面前建立清晰的约定，遵守承诺。

- 你想要实现的目标是什么？
- 具体来讲都是什么？
- 实现这个目标对你的价值和意义是什么？
- 为什么你要实现这个目标？
- 如果这个目标现在就实现了会怎样？
- 这个目标对你来说有多重要？
- 如果目标不能实现会给你带来什么损失？
- 出现什么样的情况后，你会知道你的目标已经实现？（你的目标实现的标志是什么？请列出 1、2、3 项）
- 当你见到什么、听到什么或感觉到什么的时候，你会知道已经实现了自己的目标？（这样问的目的是引发对方的内视觉、内听觉、内感觉。当事人内在的清晰度越高，行动的推动力就会越高，实现的概率也会越高。）

当人们能看到、听到、感觉到目标的完成，并将关注点聚焦于此时，会感觉被激励，充满动力。我的一个学员是一家创业公司的总经理，他邀请到一位同行业的资深主管来管理自己的团队，他承认这名主管能力很强，也十分富有责任心，遗憾的是，“员工的表现的确不太理想，我觉得这样的士气不应该属于他带出来的团队”。不久，他的员工向他抱怨：“主管每次给我们下达完任务就离开，从来不解释为什么要这样做，只是告诉我们按他说的做就是对的，可是，我们需要了解原因。”

后来，总经理安排主管学习了教练技巧，并就上面提出的问题询问他的想法。主管决定用这个模式和员工一起工作，四周后，总经理惊讶地看到了团队的变化：

那段时间在公司，我都能感受到变化，感受到那种积极的工作气氛，正面向上的情绪已经融入他们的内心，他们正在被自己的愿景牵引着向前，而非强迫自己去做事。一位员工告诉我，工作内容还和以前一样，并没有多大改变，但是，主管的态度明显发生了改变。他不再把自己的目标直接丢给员工，让他们照做，而是通过询问问题，激发员工自己心中的工作热情，让他们自己把问题想清楚再行动。这使那些曾经认为自己不过是来打份工的员工，也找到了工作的意义和价值，明确了自身职业发展的方向。

通过感召，对方建立起自我的感知空间，这个空间里不再有命令或胁迫，取而代之的是自由自在的行动体验。他们看到自己有能力在这个空间里为自己做出更好的选择，得到更完美的成果。与此同时，权力之间的对立以及层级之间的隔阂不存在了，团队之间产生了凝聚力，让每个人感受到“我们”是共同为了愿景而前进，前方的美好等待“我们”共同创造。

无论在家庭、公司或者其他组织里，我们或许都有这样的感受，在那些能给自己带来认同感和归属感的团队里，我们会有留下来的强烈意愿：“我是这个团队中的一员，我想要留在这里！”而遇到相反的情况，恐怕一刻也不愿多待。

我曾通过对比发现，团队之间有一个巨大的差别：具有感召力的团队对目标的达成充满着自主愿望，同时具有一种完成目标的使命感和紧迫感，这种紧迫感让团队中的每个人都能认同；而在缺乏感召力的团队中，负能量四处蔓延，资源浪费、工作重复不说，缺乏主动性、不主动承担责任的态度也随处可见。

在感召下，我们唤醒并激发了对方的觉察和自我认知，有力地支持并帮助他们实现所期望的改变。由于是自己要做出改变而非外界强迫，他们会更加愿意主动承担起责任，并展现出更多力量，立足于现实，全然聚焦于目标之上。

在感召对方的过程中，我们可以通过语言使对方的目标视觉化，激发其内心期待的愿景画面。以下是可供参考的例句：

✓苏珊，在你收到这些建议的时候，你看到自己将做哪些具体的行动？

✓容嘉，当你将这些任务下发出去后，你看到自己采取哪些行动，能使你高效地达成想要的成果？

✓小罗，我很欣赏你有勇气表达出自己的观点。结合你听到的他人的分享和你在听到这些对话时自己的想法，你认为要完成我们预想的结果，有哪些更好的方式可以采纳？

我们就像一台放映机，带着卓越的问题邀请对方透过心中的荧幕看到被隐藏的愿景，使他在充分的内在觉察下，到达我们想让他抵达的目的地。

一位母亲跟我分享了一件让她和丈夫都觉得很有成就的事——让他们九岁大的儿子踢完足球后清洗自己的袜子和球鞋。他们严苛的要求曾一度引起孩子的不满，他大发脾气，满屋子乱扔东西。当然，父母的“权威”也使他们不肯让步，结果，所有人都没有得到自己想要的结果，所有人都很不开心。后来，母亲在我的建议下决定采用四步教练技巧和儿子好好谈一谈。

她带着问题和孩子沟通，告诉孩子，妈妈希望通过这种方式知道他内心真正抗拒的是什么。当然，母亲在这个过程中同样也发表了自己对问题的看法。起初，孩子并没有专心听母亲说什么，他深信无论需要做什么，都来自父母的命令。但是慢慢地，当儿子发觉母亲是真的在关心他，并且是真的对事情的现状和接下来如何解决问题十分在意时，他的态度也渐渐转变，愿意带着自己的想法参与到对话中来。母亲告诉我："也是经过沟通，我发现，让孩子必须每次清洗球鞋和球袜的要求太严格了，他觉得那样会占用他本来就不多的课余时间，而且有时连续几天踢球，每天都要换洗的确有些麻烦。不过，值得欣慰的是，他自己也认同保持相对良好的卫生习惯对每个人都好，他以后会尽量做到。"

就这样，焦点从双方僵持不下的争执转移到如何采取令大家都满意的解决方法上来。当母亲询问儿子的想法时，儿子觉得可以列一份清单，上面标注哪些固定的日子是需要清洗球鞋的，这样双方都不会再为了这个问题引发争吵。另外，儿子也希望自己能在完成清单上的任务时获得一些奖励，比如某个球星的贴画或公仔等。

"不得不说，这个方法很有效，它避免了父母和孩子之间采用敌对或者逃避问题的方式来应对眼前的状况，而且，它让我们觉得大家共同担负起解决问题的责任。孩子比以前更主动而且更有意识什么时候该清洗球鞋和袜子，也更注意保持它们的干净、整洁。"这位母亲说道。

这即是感召的力量，看起来似乎不如用发号施令简单直接，但实际上更能为我们打开一扇通向双赢的大门。

●时刻提醒自己

【激发他人的理想】

1. 感召就是感化并召唤。

2. 感召的表现是一种启发和邀请。

3. 感召对方的心态进而感召对方采取行动。

●练习

1. 你的一个员工正为棘手的新项目愁眉不展，你相信他有能力做好这工作，只是缺乏自信，你会怎么做？

A. 不插手参与这个项目，只是教练你的员工独立处事能力，支持他完成这个项目

B. 亲自完成那些比较重要的部分

C. 带头完成这项工作，只让员工担当配角

D. 介入接管这项工作，让员工在旁观察，学习怎样去做

2. 你和你的员工正计划改变对市场推广的方向，你对他的建议表示不太同意时，你会怎么做？

A. 彼此达成共识，然后容许员工采用不同的方法

B. 让员工知道两个方法各自的优点和缺点，让员工自己决定采用哪个方法

C. 告诉员工相信你的经验，决定采取你的方式

D. 坚持你的做法，直到你的员工证实你是错误的

3. 你的员工告诉你一切没有问题，但你仍旧担心他的表现不会改进，你会对他说：

A. 我对你的表现感到很不安，你只会告诉我一些好听的话，但是你的表现没能证明你会实现诺言。

B. 我不相信你，你每次都这样说，你可不可以老实一点儿？

C. 如果你真的一切没有问题，为什么你的表现始终都没有进步？

D. 我希望你诚实一点儿，你是否清楚你现在的处境是怎样的？

4. 你的下属或同事谈及他在这个月底要达到什么目标时，他想了半分钟，无精打采地说：“我会尽力完成这个月的指标。”你的反应是：

A. 好，你一定做得到的。

B. 我感受到你没有信心会实现这个月的目标，你现在对你要达到这个目标有什么想法？

C. 你有没有听到我的问题？我问你这个月要完成什么？你具体的目标是什么？

D. 你到底是否想达到这个目标？这个目标对你的价值是什么？

5. 你认为运用“教练”在企业管理中的好处是什么？

A. 在员工心中树立威信。

B. 减少和员工沟通的时间。

C. 将公司的制度系统化。

D. 更有效地发挥员工的才能。

6. 你问你的同事或下属是否需要帮忙，他回答：“没有，不需要。”你的反应是：

A. 你到底对我有什么不满？

B. 你意思是不需要我的帮忙就可以完成你的工作，达成你的目标？

C. 如果你想我帮忙，我可以给你一些建议。

D. 我再多给一次机会，你到底想不想我帮忙，我的时间不是很多！

7. 你问你的员工何时才能完成现有的一个项目，他很不耐烦地回答你：“我不知道，会受很多因素的影响，很难说一个日期。”你会如何支持他？

A. 你不知道谁知道？

B. 可否给你一个回应？我感觉到你现在很不耐烦，我要怎样支持你？

C. 你不知道，好，我要你在两星期内完成你的项目。

D. 你可不可以告诉我有什么因素会影响你完成项目？

●更多建议与箴言

【激发他人的理想】

◎很多研究表明，最能激发员工全力以赴、高水平发挥的是给予他们赞扬与肯定。除应得的薪水之外，人们更需要感到他们在工作中获得的心理成就感——他们的努力有成果并得到企业赏识。

◎避免给同一个人安排重复性的工作，多变的工作内容才能激发员工的干劲。

◎领导者可以把管理的原则写下来，张贴在对自己来说醒目的位置，甚至每天检查一下自己是否做到了。一旦这些原则成为领导者根深蒂固的思想，好的管理手段和管理效果就自然而然产生了。

◎可以善意地激发一下那些还没有做到，或做得不是很好的员工，适当地剥夺他们的安全感，以此来促使他们产生“摆脱孤立”的强大动机，从而快速迎头赶上。

感召他人前先说服自己

我们选择与自己志趣相投的人成为朋友，选择自己喜欢的方式来生活，选择相爱的人共度一生……每一次选择都源自生命真诚的召唤，它使人与人之间有了分类和聚合。

学员陈放跟我讲述了他的困惑：“我感召了一位很优秀的高管来我的公司，本来他提出要年薪20万元，由于我们是刚刚创业的公司，目前无法达到那么高的薪资标准，但谈了企业未来的愿景后，这位朋友愿意降薪加入我们。遗憾的是，他待了一段时间就离开了。”

让我们来看看我和这位学员的对话：

教练：你知道他愿意降薪加入公司的原因是什么吗？

陈放：或许是听了我的描述后，认为企业将来很有发展前途，可以帮助他成就更多。

教练：这证明你有感召力。不过，他为什么走了呢？

陈放：实现梦想需要过程，他坚持不了，忍受不了那么长的时间。

教练：他来了之后，你又做过些什么呢？

陈放：什么也没做，我觉得他既然愿意加入，就一定会自己掌握好工作的节奏，我不方便做太多干涉。

教练：有没有继续关心他的梦想？

陈放：老实说，很少。

教练：那说明你只是一次性贩卖了梦想。

陈放：前期我们已经说好，起码要努力三五年才有可能实现既定目标，他也认可这一点。

教练：但事实上，你并未让对方感觉到工作是在为自己，而似乎是在帮你实现你的梦想，他内心的动力没有被点燃。

陈放：恐怕是我忽略了这一点。

教练：虽然他愿意降薪加入你的团队，但在过程中，你并未给他注入持续的“燃料”，既然如此，他为什么要为了‘你的’理想而努力？为什么要替‘你的’梦想增光添彩呢？

陈放：是的，看来我的确把事情想得简单了，我需要做的还有很多。

感召的形式不外乎两种，一种是感召对方实现他的理想，另一种是感召他人跟我一起实现理想。如果是后者，在感召之前，我们先要问自己为什么感召他，我具备哪些条件？对方具备哪些条件？通过什么方法才能令我们双方达成共同的目标？当你感召不到他人，或者感召效果无法持续，我们先要检讨自己，思考哪里出了问题。

许多团队中的管理者都会疑惑，看似已经把大家成功感召到合理、有序的局面上来，但随后大家的表现却不尽如人意。和案例中的原因一样，正是因为我们未给对方注入持续的“燃料”。无论是激励对方在正面积极的处境中取得更好的成绩，还是分解对方在艰难困境中的焦虑和担忧，都是激发对方的信念和热情的有效途径。

感召既不是情感绑架也不是利益交换，它是我们在与他人交流的过程中感受到对方的理想所在，然后用自己的理想去点燃对方的理想，改变对方心态的过程。每位员工都有自己的职业规划和理想，如果他发现自己的工作是在为理想而努力，就会焕发出无限的热忱与动力。在感召中，双方的地位是平等的，如果用“强加给对方理想”的心态去感召，对方就会感受到太强的目的性或进攻性，这样我们就会丢掉对方，因为此时我们的焦点都在自己身上，忽略了对方的感受。真正有力的感召应是润物无声，它如同种子落地生根、开花结果的全过程，风雨不惊却生生不息。

人生就是一场感召的游戏。一生当中，如果我们不去感召别人，实现别人的理想，我们就一定会被别人感召。教练在感召过程中必须以他人的价值体验为出发点，不被内在的负面念头干扰，这样，我们所希冀的愿景才会水到渠成。严格来说，在这个过程中，对觉知力的锻炼远远比达到感召的目标更重要。

引发觉知的锻炼，我们可以从“感召五部曲”开始，它能帮助我们更加清晰地意识到自己在感召他人时所处的位置、困境以及方向：

◎定向

- 方向：自己为何要做感召？目的是什么？意义何在？
- 原因：为什么要选择这个感召对象？
- 价值：你看到对方的内在价值是什么？
- 了解：对方感兴趣的是什么？
- 困难：阻碍你感召的因素是什么？
- 准备：资料、心态、迁善方向。

◎联系

- 焦点：你的焦点放在哪里？是否以对方为中心？
- 互动：你创造了相互分享的空间吗？
- 共鸣：对方愿意和你交谈吗？
- 分享：你如何能让对方开放地分享自己？

◎挖掘

- 关注：是否把对话的焦点集中在对方关注的价值上？比如：事业，家庭。
- 位置：对方的理想是什么？
- 引发：如何让对方说出自己的追求而不是你强加于他？
- 可能性：如何让对方看到更多的可能性？
- 价值：如何能让对方看到课程在你身上体现出的价值？
- 愿景：把将来会出现的具体成效描述成愿景。

◎选择

- 邀请对方表态（yes/no）：对方的选择是什么？
- 当选择 yes 时，祝贺对方。

• 当选择 no 时，反映你的感召是怎样的？你对对方的“不”又做出什么反应？

理解对方想法，了解真实原因，然后继续：

A. 未能体会价值：再挖掘

B. 环境因素（时间、人、事情）：引发新的可能性，把不利因素转为有利因素。

C. 怀疑成效（自己能力，产品质量）：厘清怀疑，增强信心，明确 yes 的价值。

D. 考验你的反应：不把事情个人化，承诺之前的定向内容。

E. 等待支持：关心、激励、挑战。

◎行动

• 选择 yes 后，你如何支持对方采取及时的行动？对方有何反应？

• 选择 yes 后不愿行动，当对方犹豫不决的时候，他有什么样的理由借口？了解真实情况后，你怎样鼓励对方冲破这个障碍？

感召他人并与对方互动的过程就像打一场乒乓球，我们永远都不知道对手如何出球，高度敏锐的觉知是赢得球赛的关键。感召力锻炼并非仅仅是为了达到某一个目标，它同时也是一个自我洞察、自我调适的过程——我们不仅仅要听到对方的心态、隐藏在话语背后的动机、身体语言、细微能量信息，更重要的是要听到自己内在的声音，自己的动机、初心、习惯的心智模式。如果死守同一个框框，就不可能创造新的突破。

我们可以以朋友、老师、父母、主管、上司等不同的身份感召他人。假如对方拒绝被感召，在沟通初期，我们不妨找出对方身上积极正向的信息予以称赞，使对方感受到我们的真诚和兴趣，从而逐渐打开心扉。总之，我们要做的就是在感召对方的过程中挖掘出对他来说最重要的东西，使他发现个人的价值并朝着自己想要的改变努力。

要想具备这项能力，需要我们在教练他人之前带着以下五点假设：

假设一：相信每个人都有变好的自觉性；

假设二：每个人的生活经验都是独一无二的，在此基础上累计的知识也是其独有的体验；

假设三：每个人的内在都拥有实现目标所需的资源，并且总会在当下为自己做出最好的选择；

假设四：每个人都有自我反省的能力；

假设五：每个人都希望自己被尊重、被欣赏。

通过这些假设，我们才能聆听到对方心中的愿景。这是教练技术启动的关键步骤。

●时刻提醒自己

【感召他人前先说服自己】

1. 感召是团队实现共赢的牵引力。

2. 感召是影响和改变他人心态和行为的能力。

3. 感召通过启发实现。

●练习

1. 你的团队有一个成员表现不理想，而另外一个成员也发现这个情况，他向你提出意见去改善另一个人的表现。你的反应是：

A. 这是一个好提议，但是你认为这里还有哪些缺陷?

B. 这个提议表面上看来没问题，但我想当你实行的时候会遇到困难。

C. 挺好，你还有什么可以做到的?

D. 谢谢你的提议，我会自行和他讨论他的问题。

2. 你的员工最近表现不太好，你要求他到你房间找你，目的是对他进行“教练”，你会如何开始？

A. 我想了解你最近的工作情况，以便我协助你改进工作表现，什么时候和你谈最合适？

B. 我的目的是支持你改善工作表现，我现在可以和你谈一谈吗？

C. 你近来的表现差强人意，你有什么打算？

D. 你认为我为什么要和你面谈？

3. 一直以来，你都在和你的员工进行“教练”，但是最近有个员工的表现每况愈下，你也因为很忙而未能和他进行“教练”。今天你终于找到时间和他面谈，你会怎样开始？

A. 我现在要支持你做好工作，无论是什么，希望我能帮助你。

B. 我们似乎发生了一个问题，那问题就是你的表现，你认为解决的方法是什么？

C. 你最近的表现出现了问题，我是来协助你解决问题的，我相信我们一定会成功的。

D. 为什么你有问题发生，不立刻主动来找我？

4. 你和你的员工正进行教练，他制订了一连串的行动计划，并准备现在开始行动，你最后会和他说什么？

A . 你认为你会何时开始行动？

B. 我建议你先尝试行动，下星期再找我去讨论有关进展。

C. 我需要观察你怎样做，你打算何时开始行动？

D. 你会何时行动？在这星期内你会达到什么成果？

5. 你的员工近日经常迟到，但他是一个非常有才华和创意的人，你给他的工作，他都准时完成，而且效果超出你的预期。你感到很为难，一方面你满意他的工作表现，但又不高兴他常常迟到。你决定和他沟通这个问题，你会如何开始？

A. 我对你迟到的习惯很不满意，你是否曾经承诺过准时上班？

B. 我注意到你近来经常迟到，是否有什么原因，我想你可以和我解释一下。

C. 一直以来，我很满意你的工作表现，可是我注意到你近来经常迟到，你是否可以告诉我发生了什么事情？让我可以支持你。

D. 其他同事对你迟到感到很不满意，你觉得怎么样？

●更多建议与箴言

【感召他人前先说服自己】

◎在事业上，一个优秀的领导者用人需要有雅量，用人的时候，不是看谁跟你有过节，谁跟你关系最好，而是看谁最有能力，谁才是你最需要的人。一个企业领导有了开阔的心胸，才会客观公正地评价人、选拔人、任用人，才会科学地办好事、办实事；有了开阔的心胸，才会有威信，才能感召部属、团结同志，把全体员工的力量聚集起来，大家心往一处想，劲往一处使。

◎因愤而启，由悱而发。运用启发开其意，达其辞，开启思路，准确表达。感召者不仅要帮助对方开其意，达其辞，还要践其行，通过启发帮助对方找到并说出理想。

别误导自己，感召不是自我感动

感召无处不在，在人生的舞台上，我们不是被他人感召就是感召他人。每个人都会感召到相应的人群，感召他们的希望、自信和追求。因此，感召他人前我们所持有的心态决定了我们感召的方向和结果，也就是说，在做感召的时候，我们要注意三个心态：

- 你是抱着怎样的心态去感召对方的？（说服 / 激发）
- 对方持什么心态来迎接你的感召？（抗拒 / 接纳）
- 你以怎样的心态来看待别人对待你感召的方式？（狭隘 / 开放）

感召他人之前，我们先要学会觉察自己，更清楚地看到自身的盲点。而往往，人们在感召过程中经常会走入以下误区：

⊙还未和对方沟通前，就已经根据旧有的信念模式把人分成不同的类型；

⊙还未知道对方的看法前就率先提出“意见”，以至忽略了“聆听”和“激励”；

⊙我们对孩子、伴侣或下属提出的“建议”常常被对方认为是“命令”，可是我们并未觉察；

⊙我们常常为了证明自己是“对”的，表现自己的价值，结果忽略了“支持”和“欣赏”员工的努力，无法激发他们的理想，帮助他们成功，从而压制了员工工作的热情和积极性。

很多时候，当我们感召他人时，都把重心放在了自己的“目标”上，却没有想到我们真正的目标不是为了要求、压制、管理对方，而是要提供一个舒适的氛围让对方参与进来。我们应关注对方的信念和热情点，真诚地聆听他的起心动念和愿景，并提高其行动的积极性。例如在企业中，当员工有了做“事业”的心态，他就不会只是把工作当做任务在完成，而会主动承担起属于自己的责任。

大部分情况下，我们偏重于给他人“指示”，就像父母对小孩的“命令”。教练的目的是改变这种模式，改变我们的心态，在相互尊重的基础上，让对方开放地参与进来。我们要让自己变成“教练”，而不是要求者、考核者和监督者。

学员小苏曾向我诉苦说，他一直感召太太上教练技术的课程，他认为自己收获很大，但是对方却并没有多大的兴趣：“你自己去就好了，反正我是不会去的。”小苏觉得太太自我感觉太良好，很多观念、想法都与自己不一样，所以沟通起来很困难。

看似小苏在感召太太的过程中接受了彼此意见不一致的事实，但实际上他只是想让对方听从自己的意愿，如小苏自己所说，“当然，因为我觉得我是对的”。教练技术让我们觉察到，每个人都是对的，而问题的关键在于，我们无法接受对方是对的，因为他“对”即意味着我们就是“错”的，这样我们就否定了自我认知。我们当然不想否定自己，所以会反击，会不断证明自己才是“对”的。

彼此目标的不一致，常会使我们与他人的沟通陷入“对”与“错”的模式中，如果你是“对的”，那就意味着我是“错的”。这种沟通氛围会增加双方的防卫意识，并在对话的语调、音量中体现出来，信念、心态和情绪也会受到压抑，眼中只能看到那些阻碍我们达成目标的因素。

就像学员阿磊，他在感召自己的同学学习教练技术时，对方不配合的态度让他内心一度感到愤愤不已，这时，我听到他说：“我有个发小，是我的初中同学，二十多年来关系一直非常好，我想感召他学习教练技术，但一直感召不成功。他虽然大学毕业后又读了 MBA，但人很固执，四十多岁了，谈过不少女朋友，却一直没结婚，最近才确定婚期。他刚参加工作不久时，父亲就患肝癌去世了，后来他又给他母亲找了个伴，家里的两个妹妹成家也早，我觉得以往的经历让他对未来产生很多恐惧。对于我的感召，他一直自认为自己上过 MBA，什么都知道，没必要学。还总以工作很忙为借口来推脱我。我在感召他时找不到方向。”

是真的找不到方向还是方向有问题？从阿磊的陈述中，你或许已经体会到，他一直在寻找对方身上不够好的地方，正是由于这些“不够好”构成了他感召对方的动因。如果我们换一种方式嘉许这位朋友呢？告诉他一直做得很棒，告诉他为了妈妈和妹妹付出的努力很有意义，告诉他是时候好好地照顾自己，告诉他作为他的发小，你很心疼他，希望他可以拥有自己的幸福生活……

感召是一个双向学习的过程，讲究当下对自我的觉知力和迁善能力，而不是拼命想要找出对方的缺点，批判对方如何不是，甚至一旦发现感召无法实现就把不满的情绪发泄出去。在这里，谈话伙伴是我们的一面镜子，反映了我们当下的状态。因此，以上情景中，最大的挑战不是当前的局面或者对方，而是感召者自己的干扰。干扰会压抑我们感召对方的热情、心态和效果。

“我觉得我不可能成功感召对方。”【抗拒】

“我认为这次对话肯定很难继续下去。”【消极】

“我担心我的话会冒犯对方，我还是想办法避免跟他沟通这个问题。”【逃避】

此时，我们应当问问自己：“我想要的到底是什么？如果不进行这次对话，什么会发生或什么不会发生？”如果发现不解决这个问题的长期后果比当下进行沟通的暂时性困难要严重得多，我们就会为自己做出更好的选择。一切都源于自己的信念和选择。

当我们看到的不再是不可完成的困难，而是更愿意通过消除此刻的干扰，激发他人获得更好的表现时，我们的心态是：

“我相信我可以解决当下的困难。”【接纳】

“我相信当我以平等的心态来看待、尊重对方的想法和差异时，我可以走进对方的内心参与到对话中。”【积极】

“我要如何开展这次对话，引导对方发挥潜能和强项？”【面对】

积极调适好自己的心态是感召的第一步，接下来，我们还需要有效地启发对方。作为感召的表现形式，启发的目的是让对方改变心态，从而自愿追随理想。

在感召中，传达一种价值往往比表达一种内容更容易让人接受。这很像产品销售前的宣传，商家会给产品赋予功能以外的价值，并将重点放在价值宣传上，这样做，会取得比单纯宣传产品功能大数倍的感召效果。

运用到团队中，领导者对员工说：“你一定要完成目标”，这是在传达工作内容；领导者换一种方式，与员工探讨完成目标对他们有什么价值，效果就会不一样。人们愿意去做某些事，愿意改变行动，往往是因为意识到那样做会给自己带来好处。在这里，感召价值与传达内容并非目的不同，只是出发点有所差别：突出内容的沟通，说的是“我怎么样”“我的产品怎么样”，重心在自己或者在产品本身；突出价值的沟通，说的则是“你将如何”“这个将给你带来什么”，焦点在对方。

此外，有效地提问方式也是启发的一种。好的问题会启发对话伙伴深入思考，将理想印在心中，自己寻找问题的答案。当解决方案和行动计划完全是从对方自己的意愿发出时，他们就会对自己的行动和想法负起全部的责任。比如“你从做这件事当中学习到经验的方法可能有哪些？”“在这个任务中，你怎样可以找到更多的价值呢？”“有哪些最好的方法，让你去做长期的承诺？”

感召者不仅要启发对方说出理想，还要邀请他采取行动，即教练技巧中常说的“开其意，达其辞，还要践其行”。

以下是教练技术中的感召必修法，通过觉知以下七个次第帮助我们培养感召的能力：

一体：没有人可以独立于群体而活着，每一个人都是相关联的。

感恩：感念所有人对我们的深恩厚德。

报恩：希望能回报所有人对我们的深恩厚德。

慈爱：对所有人抱有平等真诚的爱心。

见义勇为：帮助其他人解脱于无明的汪洋。

自利利他：没有人可以独立于群体，群体中每一个人都在互为影响，受与授同。

积极生态圈：带着觉知坚持行动，扩大积极生态圈。

●时刻提醒自己

【感召不是自我感动】

1. 感召你身边的人去与你和谐，才是关键。

2. 感召要建立在平等的基础上。

3. 感召要借助“沟通”来完成。

●练习

1. 你的员工已经尽了最大努力去实行他的计划，但是都没有进展。他对你说：“算了吧！这是不可能实现的，我要投降了。”你会如何教练他：

A. 你这样便放弃，你知道这对你和公司会带来什么影响？

B. 你就这样放弃，我以为你是打不死的。

C. 这种情况下你是否想继续下去，由你自己去决定。

D. 你是否留意到自己遇到困难很容易退缩？有没有想过，实现这个目标对你的价值是什么？

2. 你的员工未能做到他所制订的计划，唯一的方法是你指示他如何去做，你会和他说：

A. 好吧，让我来告诉你怎样做好了。

B. 你是否想让我教你怎样做呢？

C. 你认为要完成这计划，会遇到什么困难？

D. 你觉得你是否需要我给你一些指示，从而能够有效地完成你的计划？

3. 你的员工总是把焦点放在自己的毛病上，你会如何教练他：

A. 你总是看自己的毛病，你是否希望自己的表现有所改善？

B. 你想不想知道你的毛病在哪里？

C. 你似乎对自己缺乏信心，你应该勇敢一点！

D. 用 1~10 分来衡量你的表现，你认为你现在有多少分？

4. 这次是最后的机会，你的上司要你在限期内使你的团队表现有改善，不然就要解雇你。在这次沟通中，你的团队成员对你说："我会马上行动的。"但他过去从未履行他的承诺，你会如何回应他：

A. 这是最后一次机会，如果你这次还没有改善，我会解雇你。

B. 从你承诺要做好这些工作到现在，你的表现都没有改善，你到底发生了什么事？

C. 我对你感到很失望，你一次又一次破坏了你的承诺，如果你想继续留在这里工作，真的要好好实现你的承诺。

D. 总经理给我压力，你的表现再这样就开除你，所以这次你一定要尽力做到最好。

●更多建议与箴言

【感召不是自我感动】

◎与他人沟通前，先进行自我沟通，可以增加沟通的有效性。自我沟通是对自己进行定性，包括清楚沟通的目的，用什么样的心态去沟通等。心态和目的定位好以后，出发点就不会出现偏差。在沟通的过程中，要学会给自己做区分，也要从对方的反应中照镜子，看看沟通是不是按照定向的目标和心态在进行。

◎沟通中尽量少做假设。当你把假设当成事实时，会让知情人产生逆反心理，认为你很虚伪，不愿意听你说的其他内容。假设和可能性是不同的，假设是将不存在或尚未发生的事物认定成那样，在这个基础上进行推理和判断；可能性是探索，是目前尚未发生但以后有可能发生的事情。沟通可能性可以打开思维的宽度，为沟通增加更多的价值。

听到对方的需要，保持频率一致

感召二字颇具意味，“感”字上面是咸字，下面是心字，即将所有的渴望、期盼融汇于心，再通过“召”，召唤对方以激发他们的理想。感召的焦点在对方身上，出发点是为了实现对方的需求和价值。感召不是通过否定、压制对方的观点达到目的，而是以我的心感召你的心，让对方看到另一种可能性。

泰山的天街上有一块石碑，上面斑斑驳驳地留下几个字：“聪明正直”，我把它记录在手机上，多年来一直鞭策自己。在我看来，这四个字对于教练的价值是“耳聪目明，正心直言”。在多年的教练生涯中，我感觉受益匪浅。

耳朵和眼睛是人体接收外界信息最重要的器官。做教练，眼睛和耳朵需要协同，做到“察言观色”，才可以为准确洞察内因打下基础，真正支持到被教练者。

当教练的聆听中有了察言观色的宽度和洞察内因的深度后，区分能力就加强了，即能从不同的角度重新诠释对方的话语，能在错综复杂中探寻新的可能性信念，帮助被教练者产生正面积极的信念并及时调整原有行为，这就是我们所说的心态迁善。要做到这一点，教练必须带有高度的觉知自察能力——知晓被教练者产生感受的内因，从而可以令其做出最好的选择。

学员刘女士是常年在外出差的职业女性，她的儿子今年刚上高中，平时寄宿学校。两人不常见面，但是最近，儿子总向她要零用钱，这令刘女士十分担忧。为此，她找到训练师希望得到支持。

训练师问她："为什么多要零用钱就令你产生担忧的情绪呢？"

刘女士说："我觉得他在不学好，否则一个高中生哪里用得了那么多钱？"

"你问过他是怎么花这些钱的吗？"

"问过，他说同学的父母都给很多。其实我已经比之前增加 500 元了，但他还是觉得少。我很生气，他肯定是受同学的影响，变得爱攀比了。"刘女士在还未了解清楚状况的情况下就对整件事给出了自己的判断。

"你具体了解过他为什么突然大手大脚吗？"训练师启发对方深入实际寻找真相。

刘女士仔细想了想，解释说因为常年不在家，与孩子沟通少，所以还没有问到这么细。

训练师笑了笑，问道："你多久没有关心孩子了？"

刘女士不好意思地说："唉，我当然也想陪着他，但也要挣钱是不是？"

"那或许，孩子是想用这种方式引起你的注意，换取关心呢？"训练师说。

说到这儿，刘女士恍然大悟："的确，我发现这个月我在家休假，陪他的时间多了一点儿，他就没再多要零用钱了。"

每一个来找教练或训练师寻求支持的人，内心都有一个自己的假设。在上面的案例中，刘女士认为儿子不断要零用钱就等同于乱花钱，并因此将它当作事实，于是越想越担心。教练发问时感受到对方迟疑的那一刻，直接从她和儿子的关系切入，启发对方觉察到了事情的真相。因此，教练过程中除了要留心对方所说的话，还要觉察对方的情绪，做到感同身受，推敲出其背后隐藏的信念，才能清晰地做出区分，体会到对方的真实需求。同时，教练更要善于发现他人的善良动机，不因自己的想法去猜想、揣度他人的想法。

进入对方的世界，启发对方该怎么做的过程的确不容易，为了防止我们偏离方向，可以不断地提醒自己这样四个问题：

- 谁的需要被满足了？是我还是被教练者？
- 如果我觉得自己快要陷入情绪当中，我该怎么办？
- 我是否帮助对方减少了行动的干扰？
- 如果对方不愿意参与，我会采取什么行动？

为了更明确、清晰地知晓对方的需要，我们还需要在过程中建立有效的聆听模式。聆听在教练技巧中是非常关键的环节，它是回应的出发点，也是我们在感召过程中知晓对方需要的有效方法。有的人在沟通过程中喜欢不停地说，但效果并不好，他所做的只是在表达自己的需求，和对方不在同一个频道上。而有的人说得不多，却能因为有效的聆听抓住了良好的切入点，取得好的成果。

我们可以学习成功感召者的聆听技巧：

◎ 100% 的接收——普通人容易听喜欢听的、愿意听的、好听的话语，这种有选择的接收，容易错过很多重要的信息。经过训练的教练在感召中要先把自己的标准放下，像电话的听筒一样，把所有的信息全部接收。之后再在脑海中加以整理、区分和取舍。这样就容易把握时机，实现有效沟通。否则，在对方讲话时，你脑海中可能会把相关的经验和对方所说的内容结合起来，会陷入同意或不同意，相信或怀疑的思维模式中，你呈现的只是自己内在世界的投射。

◎从此刻出发——从此刻出发，意味着我们与被教练者共同投入，共同思考，紧紧跟随对方的任何步伐。当我们把“全部的关切”都聚焦在对方身上，聚焦在他们所说的内容上，就能从对话中清晰地觉察到对方想说又难以表达的心理状态，启发他们解开心中的矛盾。

◎描述现状——这个技巧是为了反馈给谈话伙伴，告知他们此时在教练眼中的行为。有时候，我们只需要简单重复对方所说的话，就能让他们听到自己的声音，体会到深深的支持和满足感。就像“我知道你非常想改善这段关系”“我听到你说自己很想完成这个计划”等。

◎频道确认——为避免误解对方的意思，在对方谈到主要问题或观点时，复述一下听到的东西，跟对方确认一下你收到的信息是否和他所想的保持一致，确保双方在同一沟通的频道上。这是一种不带批判和情绪化的聆听，比如：

- 你是说……
- 如果我没有理解错的话……
- 你的意思是……我说的对吗？
- 那么你是说……对吗？
- 我从你这里听到的是……如果我说错了，请你纠正我。

如何可以听得更多、听得更全，听到对方真实的状态？我跟教练们时常开玩笑说“把耳朵变成电话机的听筒”，的确如此，一个好教练，感召时不光要听，同时还要放下内心的标准、价值观、自我成见等，直到忘我，聆听才能更敏锐。这方面的能力需要长期的锻炼。

按照上述方法提升自己的感召能力，你就会意识到，你的成就感不是来源于被教练者接受了你给的方法，而是来自于你看到对方激发出了自己想要行动的意愿。

●时刻提醒自己

【听到对方的需要，保持频率一致】

1. 觉察对方的情绪，并推敲其背后隐藏的信念。
2. 善于发现他人的善良动机，不因自己的想法去猜想、揣度他人的想法。
3. 给双方建立一个开心的聆听氛围，建立开放和信任的关系。

●练习

这里有一个关于企业领导的小测验，看看你是否具有足够的感召力：

1. 当员工向你汇报目前的工作情况时，你会：

A. 很认真地听取汇报；

B. 偶尔忍不住会对员工训话；

C. 喜欢批评员工以表现自己。

2. 向员工宣布企业的规章制度时，你会：

A. 反复阐述，之后充分信任员工；

B. 点到为止，让员工自行领会；

C. 强制员工接受，并严格监督。

3. 对员工的不同意见，你总是：

A. 乐于接受正确意见；

B. 比较喜欢听话的员工；

C. 自以为是。

4. 在帮助员工方面，你会：

A. 善于体察民情，有时会为特殊情况破例；

B. 只关心员工工作，对其个人生活很少过问；

C. 认为员工拿了工资，就该为企业工作，无须帮助他们。

5. 在团队协作中，你会：

A. 及时发现员工问题所在，并帮其解决；

B. 高兴时才会指点一二；

C. 只关注结果。

6. 对于员工的期望：

A. 你会时常关注并尽力满足员工的合理要求；

B. 你更希望员工了解你对他们的期望；

C. 你不愿意花时间了解员工的内心世界。

7. 当员工完成自己的工作任务后，你会：

A. 明白地给出评价，认可其成绩，或者给其改正错误的机会；

B. 将员工的成绩归功于自己的领导有方；

C. 不关心员工的工作成果，从不过问。

8. 在对员工的信任方面：

A. 你常给员工鼓气，让他们满怀信心地工作；

B. 你更希望员工信任你；

C. 你总认为自己的能力比他们都强，很少信任他人。

9. 下达工作指令时，你常说的一句话是：

A. 放手去做，有困难就提；

B. 要尽快完成，有事多汇报；

C. 任务完成不了别来见我。

10. 对企业愿景的描述：

A. 你善于勾勒出振奋人心的企业愿景；

B. 描绘的愿景让人有畏难情绪；

C. 你只要求员工做好眼前的事，没有什么愿景。

测评方法：选 A 得 3 分，选 B 得 2 分，选 C 得 1 分，最后将汇总分数。

测评结果：

24~30 分：你有很强的感召力，在感情上贴近员工，能为员工考虑、帮助员工成长。对员工的重视使你能获得员工的敬重，在企业具有权威、核心的领导地位。

17~23 分：你具有一定的感召力，但喜欢以自我为中心，所以常常难以自制地表达自己，过多的自我表现反而消弱了你的领导魅力，最终导致感召力下降。

10~16 分：你的管理风格偏硬，缺乏人情味的管理很容易令员工和你之间的矛盾上升为劳资双方的冲突，所以你有必要快速提升个人感召力。

●更多建议与箴言

【听到对方的需要，保持频率一致】

◎聆听对方说话的出发点。不同的人讲同一段话，内容可能一样，但由于出发点不同，性质就会不同。所以，聆听的第一项任务是要听到对方说话的出发点，即对方说这番话的目的。比如希望被认可、需要被爱、渴望被理解……

聆听到了出发点就掌握了对方的第一手资料，下面的过程就会有的放矢，更有针对性。

◎聆听另一个重要的方向就是听情绪。情绪中携带着每个人深层次里最真实的信息，而且人每时每刻都会有情绪，平静也是一种情绪。聆听被教练者的情绪可以迅速洞察对方的真实状态在什么位置，让教练过程事半功倍。

◎教练过程中还要聆听对方的假设。人为什么会有假设？因为假设是信念的组成部分，来自于人的经验。假设对人影响非常大，当人的假设输入到潜意识系统里，事情发生时，潜意识就会自动得出判断并帮助我们做决定。可是我们的假设有些是有效的，有些却是前进的障碍。所以，能区分出有效和无效的假设，就会有效地影响行为。在教练过程中，如果能聆听到对方的假设，就已经成功了一半；如果再能够有效区分令对方收到的语句，就会使被教练者的心态有所改变。

本章总结

核心思想：

人本教练模式对感召的定义是激发他人的理想，从而自愿采取行动，感召的出发点是不断印证，主要表现是启发。

深入剖析：

●感召是什么？它和说服、命令有什么区别？
●为什么说感召是激发他人自愿采取行动？

第六章

HOW TO DISCOVER AND ACCEPT THE BEAUTY IN IMPERFECTIONS BY OURSELVERS

激发可能性：甩掉“不敢要”和“做不到”

局限来自只看到一种可能

是什么在划分人的判断，让我们往往只能看到事物一面，而忽略了其他方面的可能性？儿时，我们或许经常接收类似的信念——你体育不好，或者说你不如别人爱运动。也许彼时，你正尝试要在学校运动会上有所表现，父亲却嘲笑你好几次；或许你只是在一次体育考试中因失误而不及格，母亲也如父亲一样，担心起你的体育来。虽然将这些信息传达给你的人并非有意，但它已经让你无意识中相信自己“体育不好”或者“不爱运动”，你甚至还会寻找各种理由来证实这个看法。当下次再遇到与体育相关的活动时，你会远远地躲在角落，完全不相信自己其实可以做得更好，从而阻止了你认识到自己在体育方面的真正能力。

记得很小的时候，父母向我传达过这样一种信念——戴眼镜的人不好相处，因为镜片遮住了眼睛，很难猜透对方的心思。一旦我们获取了类似的概念，它便开始潜移默化地影响我们的行动，特别是我们的反应。当我后来看到戴眼镜的人并与其互动时，头脑中便自动呈现类似“戴眼镜的人不好相处、老谋深算、不能信任”的判断，这种人为设置的障碍，曾经在我选择拍档或合作者时成为一定程度的制约，甚至影响了事情的结果；或者说，在潜意识里，我有些惧怕与戴眼镜的人打太多的交道，限制了可能性的出现。我的朋友宁畅与我情况正相反，她从小被大人植入的信念是“戴眼镜的人学习好”，所以她对戴眼镜的人有种天然的亲近感和敬重心。于是，同样一个戴眼镜的人，在不同人心中就产生了不同的印象，导致不同的相处与合作可能性。无论是哪种演绎，都成了我们对戴眼镜人的判断的局限。

无论如何，这些信念都是他人植入给我们的，并非固有事实，而是一种强加给我们的不公正预判。当这种局限性出现时，我们对外界的敏感度与好奇心就丧失了。演绎与判断束缚了想法，以至局限了成果，进而阻碍我们开创新的可能。当我们甩掉那个频繁出现在脑海中的声音，不再让大脑神经元朝着某个既定的方向去运作，我们看到的事物才能有新的不同。

过去的经验决定了我们看待问题的角度。这些经验中既有负面否定的暗示，也有正面肯定的暗示。就像当我们看到：

√经常迟到的员工（我们会想：他没有投入工作。）

√爱人没有做家务（我们会想：他/她很懒，而且不愿意承担家庭的责任。）

√喜欢在众人面前表达自我观点的朋友（我们会想：他很肤浅，喜欢侃侃而谈，干不了实事。）

当然，我们也可以看到：

√经常迟到的员工（我们会想：总是熬夜加班，太努力了。）

√爱人没有做家务（我们会想：他/她在外面辛苦工作了一天。）

√喜欢在众人面前表达自我观点的朋友（我们会想：他口才好，能感染到更多的人。）

所有的可能性都有赖于我们固有的信念，正是这个“信念”背后的演绎和判断影响了我们对事物的评价和根据这个评价做出的反应。因为，“他就是那样的”或“事情就是这样”，所以我们会对自己得出的结论确信无疑。在这样的状态当中，我们的焦点都在自己身上，忽略了事物原本的模样。此时，教练要做的，就是放下自己关于这个情境的所有偏好、看法和建议，放下自己的答案，进入一个中立的观察者角色，激励被教练者多运用信念中正面肯定的反馈，减少负面否定的反馈为其带来的内部干扰。

一般来说，人们会倾向于用自己所相信的“真相”来限制可能性，这使我们完全投入自己编造的故事中，甚至竭尽所能证明自己的想法是正确的。当这些角度形成，就习惯性地限制了思考方式。

在一次训练中，有位学员对训练师说：“我的合作伙伴蛮不讲理，我再也不想理他了，除非他来跟我道歉。”

训练师教练问他：“如果他不跟你道歉呢？”

“那我们就不用合作了！”

教练又问：“当初你们合作是为了什么？”

对方想了想，回答说：“为了赚钱，共同发展。”

“那现在还想不想赚钱、共同发展”？训练师问道。

“想，”学员转而又答道，“不过，这次是他的错，必须他来跟我道歉，否则坚决不理他。”

“你说坚决不理他，其实你在惩罚他的同时也在惩罚自己。”

可以发现，在这个案例中，学员之所以会生气，是因为以前的经验积累告诉他，不讲理的那一方必须先道歉，我们之间才有继续合作的可能。那么，有没有另外一种可能？肯定有，对有些人来说，你是否道歉不是决定我们能否继续合作的理由，你不道歉，这是你的态度，我不被这个态度影响，依然继续做好我的那份工作。

教练的原则是支持对方获得他们想要的。如果对方的目的是为了与合作伙伴共同发展，从这个目标去聆听，就会看到一个强有力的过程开始展开。

Sunny 是我的一个学员，她在和客户谈一个工程项目，预计要半个月以后才能确定。但当 Sunny 和我通电话时，我鼓励她挑战自己提前做到。

Sunny 坚决地说 ：“不行，这可不是由我决定的。”

我不解地问她 ：“为什么你的时间表要由别人决定？”

“因为这得看客户的意见啊。”Sunny 想都没想就回答说。

我又问她 ：“你不能影响客户的意见吗？”

她想了想，“也不是不能。”于是，Sunny 承诺提前确定项目。一星期后，她打电话给我，说那个项目已经谈妥。

我们去听什么，就会听到什么，我们去找什么，就会找到什么。这就是教练所提倡的心态迁善，当信念发生变化，行为也就有所不同，此时，我们就能从另一个角度看待问题，创造新的可能性。

这个过程要求我们在心态上要保持谦虚，通过探寻与探索的方法去启发对话伙伴。总结起来，我们可以带着以下五个技巧有力地影响对方 ：

◎引导

即面对阻碍我们达成目标的干扰，教练引导被教练者专注于目标。等到对方实现了目的，干扰就不重要了。

有位学员说他很讨厌他的一个员工，抱怨这个员工每次都未能真正领会他的意思就去做事，结果常常事与愿违，办不成事。我启发他 ：“如果你以负责任的心态去看这件事，下次要让他不再像以前那样还没弄清楚就去做事的话，你会有什么样的不同做法呢？”学员说 ：“下次我可以交代完事情后，让他重复一遍，直到一点儿也不走样为止。”

当我们专注于目标时，其他的声音就不重要了，如果这位学员接下来能不断自省，再遇到同样情况就知道怎么处理了。这是教练过程中最常用的方法。

◎激励与挑战

以愿景引导被教练者，以更高的要求挑战对方，调动、激发其心底的无穷潜能。不要停滞在障碍点上无所作为。就像有些人担心自己学历低而不能胜任工作，其实他们只是困于担心，不如做点儿什么，比如参加业余学习，从而胜任工作。

◎回应

教练以完全中立的立场，像镜子一样反馈被教练者的心态位置，从高大远的方向冲击其信念，使之醒觉。每个人都会为自己做出最好的选择。这种方式使被教练者清楚，局限实际上是自己制造的。

学员帆想离开一家公司，随即在工作中懒散起来。我就问她为什么要这样做，她说："反正都要离开这个公司啦。"我给她回应是："你现在还没有离开，这样做是不负责任的。"然后又启发她，"你希望你的女儿成为什么样的人？父母是孩子最好的启蒙老师。"

◎搁置

这与道家思想相似。水绕过石头一样继续前行，人们往往把阻碍我们行动的声音或行为作为自己的对立方，非要清除它们才行，就像水一定要把石头冲开才能前进一样。孰不知，上善若水，水根本不需要冲开石头就能照样流向远方。教练的方法就是绕开负面信念的局限，只盯住目标。我们上台演讲会紧张，但我们是选择把怯场当作障碍，还是把怯场当作朋友呢？其实，有的时候我们要接受内心中有干扰，害怕、恐惧、胆小、害羞是人的正常功能，没什么大不了。

◎转化

教练设置场景体验，或让对方在生活工作中体验，从而转化自己的信念。有位学员曾经非常苦恼，因为工商、税务、物价等部门组成联合调查小组突然来到公司调查。教练说：“恭喜你遇到了麻烦！”接着把学员引入到了另外一个方向，“你从中看到了什么？学到了什么？”这提醒了他，烦恼其实正是一种历炼，可以促进公司规范运作，遵纪守法。于是，那位学员的委屈与不快一扫而光。

对于教练来说：

学习——做自己没做到的事情就叫“学习”；
突破——做自己不愿意做的事情就叫“突破”；
改变——做自己不习惯做的事情就叫“改变”。

教练就是激发他人牢牢地盯住目标，然后为实现目标去做原来不会做的事，做没做过的事，做不敢做的事，做不愿做的事，做不习惯做的事。当我们在行为上突破了，我们的信念也就拓宽了，发现“原来我也行”“完全有可能”“总是有希望”“没有什么办不到”，那些曾经阻碍我们看到更多可能性的干扰就不再起作用，真正的潜力就会表现出来，此时的我们会更具信心向前，直至成功。

●时刻提醒自己

【局限来自只看到一种可能】

1. 突破信念上的障碍。
2. 超越心态上的束缚。
3. 改变宿命的因果推理。

●练习

你看到这两幅图了吗？下面就让我们来做一个练习：

在这两幅图中你看到些什么？

过去发生了什么事情？现在正在发生什么事情？未来会发生什么事情？

看完之后可以找两位好友一起参与，让他们也根据这三个问题分别写下自己的感受。然后觉察自己，你受到了信念当中哪一部分的制约，导致你看这幅图时会产生相应的感受？

当你做完这个练习，我们不妨来看一下我们如何能使生命的“可能性”发生。假设我们计划一次远行，首先，我们要清楚自己去哪里，为什么要去那里，这是“因（why）”；其次，我们应当在旅途中保持怎样的心态，或者是想以怎样的感受来实现我们的愿景，即“道（how）”；最后，我们要考虑为了实现目标，采用什么方法和途径，怎么样才能得到想要的感受，这是“术（what）”。当目的清晰了、原因清楚了，也知道如何抵达目标，我们就要着手准备行动了。

●更多建议与箴言

【局限来自只看到一种可能】

◎给自己规划一个超出现有能力水平的更高目标，并为在未来某一时刻实现目标而倾尽全力。这样，成功或成绩就会如期而至，自己的能力也能够得到提高。

◎给自己建立一个新的习惯，并通过新的行为，拿到新的成果，从而再巩固刚刚打开的信念。这是一个循环往复的过程，也是一个从旧习惯转变到新习惯的过程，这个过程并不容易，会经常反复，需要长期的坚持。如果没有一个完善的行动计划配合，即便是信念打开了，也很容易前功尽弃。

你是“潜意识失败者”吗？

潜意识就像大脑的能量库，深藏在神经元中，不易被觉察。但就是这种看不见、听不到、摸不着的无形力量，造就了人类意识和行为的模式。潜意识虽然无时不在，但唯有人发生突发状况时，它才会被激发出来。

美国曾发生了这样一个实例，一位先天腿部瘫痪的人正坐着自己的轮椅往家走，突然，他发现不远处一座房屋着火了，而且，屋里传来女孩的求救声。救人心切，他飞快地用手摇动自己的轮椅往火场里赶。当他找到女孩抱住她正要离开火海时，突然，屋梁上一根被烧焦的火木向他砸来。那一瞬间，他裹挟着女孩从轮椅上跳下，向屋外奔去。后来，他惊讶地发现，一场意外的火灾竟然让自己离开了坐了一辈子的轮椅，奇迹般地站起来甚至跑起来。

这就是潜意识所产生的巨大能量。潜意识本身是无法分辨对错的，它只负责将信息转化成意识和理性，经由大脑向身体传达指令来实现对人的控制。如果我们以好奇、探索的心态加以利用，那么，积极正面的信念就会越来越多，我们就会不断突破自己已有的表现和成绩。如果我们输入的是恐惧、失败、能力不行等负面的想法，我们得到的结果必然也是失败的。

而事实是，我们总会放大潜意识里那些负面且带有局限性的内容，并在此基础上毫无根据地乱下结论，一遍又一遍地预言失败。这就是潜意识失败者的典型表现：当我们对自己暗示无数遍“我不可能做好那件事”“我也受不了这样的自己，我简直太没用了”“我输掉了那场比赛，我太失败了”时，就意味着我们的内心已经被消极的情绪诸如伤心、耻辱、难过等占领和统治，认为自己不如别人，不断自我否定，事事自惭形秽，以至于无法主动积极地展现能力。在教练课堂上，经常有学员分享这样的案例：许多人即使具备成功的机遇和能力，却因为不敢成功和害怕成功，而与其失之交臂。

人是受习惯支配的，习惯是潜意识的功能，人们学习跳舞、骑自行车或开车，是在意识的指导下一次次地重复动作，这些重复动作会逐渐形成潜意识，直到我们几乎意识不到这些动作的存在。一个人如果习惯于某一行为，就会下意识地按照习惯去行动，这就是潜意识在起作用。信息无论是积极的还是消极的，只要对这个信息感兴趣，意识反复接收，慢慢就会形成某种潜意识。

因此，在潜意识失败者心里，自卑的情绪不断深植，它暗示我们没什么天分，无论怎么做都不会有好的结果，只会让自己更糗。这种主观上“我不行”

的心态不知不觉影响了我们对自己的认知，一旦内心被虚假的信念填满，我们就离更多的可能性越来越远。

你是否也给过自己这些暗示？

暗示一：“这件事我永远也不可能做到！”

小珊是一位聪慧的女士，却常常怀疑自己的能力。有一次，公司主管把她叫到办公室，让她就下个月的市场推广活动做一份完整的方案，小珊害怕自己的能力不够，做出来的东西会让领导失望，便小心地说：“我觉得安娜来做比较合适，她这方面经验比我丰富。”主管愣了三秒，疑惑地看着她：“哦？那你是如何得到这份工作的？”上司的嘲讽和不满让小珊备受刺激，但她仔细一想，来公司近半年了，自己也实在没什么拿得出手的成绩，每次都是因为担心做不好而将机会拱手让人。

从上面的案例中，我们可以发现潜意识失败者的心理过程如下：

1. “我不行”——对自己产生错误的认知，产生无力感和无用感；
2. “我不敢”——造成心理与行为的困扰，降低行动与解决问题的能力；
3. “我失败”——对自我放任自流，接受平庸的现状。

因为害怕做不好而选择逃避，最终只能绕着机遇走。抱着这样的信念，不仅会带来不安的情绪，还会降低我们的行动力。试想，没有自信的人如何指望她能做出超乎期待的成绩？

暗示二：“我自己的能力不够做成那件事！”

“如果没有人帮我一把，我怎么可能完成这件事！”

“开玩笑吗？我一个人做不到的。”

“我以前从来没做过这样的尝试，你帮帮我吧！”

是的，在你说出以上话语时，就已经失去了一次冒险行动，浪费了一次证明自己能力的机会。你总觉得自己能力有限，无法独立完成一件事，于是产生了对他人的依赖。几年前，我认识了一个女孩，上面那几句话是她经常脱口而出的。她读大学时和男友异地恋，老师每次布置的作业都是男友帮她做好再E-mail过来，终于，男友因无法忍受她喋喋不休的求助而提出分手。毕业后两年，她就已经换了八份工作，问其原因，竟然是“关键时候都没有人帮我”。

这一类的潜意识失败者，生活中永远在寻找“他人”，成功、失败永远都掌握在“他人”的手中，而自己则成了自己生命中的“局外人”。

暗示三：“我说出来一定会被笑话。”

佩琦不敢在公开场合说话。每当她被要求在大家面前发言时，都感到非常窘迫，即使是在我的练习课堂上，她也不愿站起来表达自己，总担心自己说错话被人笑话。

我的另外一位朋友，他非常有才华，经常会冒出很多有趣的想法和创意。但是，在公司策划会上，每当大家积极踊跃地拿出自己的方案讨论时，他却坐在位子上一言不发，内心实则矛盾激烈：“我还是不要说了吧，我的建议肯定不会被采纳，万一说出来被大家笑话怎么办……我说还是不说？”

心理学研究发现，70%以上的职场人害怕在公众面前发言，首要原因是当事人过度的评价焦虑。评价焦虑，就是我们面对别人可能给予我们评价的情景，会特别慌张，因为我们担心别人给出的评价不如自己的预期。

之所以会产生这种错误的感觉，是因为我们始终认为其他人都在关注自己、盯着自己，我们仿佛置身于聚光灯下。当我们高估别人对我们的注意和评判时，往往会更在意自己的不足之处，越是如此，我们在公众场合的表现就会越窘迫，以至无法从容地表现自我。因此，许多人本意其实是想表达或者发挥自己最好的一面，结果反而神经敏感发挥失常。

在以上这些不由自主的痛苦面前，我们一般会产生两种反应：要么沉溺于痛苦中，不断反刍痛苦的滋味；要么抛在脑后，暂时忘掉它，等待它不断卷土重来。这两种反应都无法解决根本的问题，沉溺于痛苦只会让我们变得更加消极，在自怜自艾中逐渐丧失行动力，而忘掉这种痛苦可能带来短期平静，但它下一次来临时，我们依然手足无措。

因此，面对这种消极的心态，我们可以通过教练技术的四个步骤来觉察自己真正的意愿：

首先，厘清目标。

- 我想要实现的目标是什么？
- 在这样的行动背后，我真正想做到的是什么？
- 如果这个目标实现了，我的生活/事业会怎样？

它使我们能够面对自己的负面情绪，然后将这种负面看法慢慢转向正面。

其次，反映真相。

- 是什么在阻碍我实现目标？
- 什么原因导致目前的状况？
- 到目前为止，我考虑过哪些方法？

对自身负面、消极评价，并因此产生焦虑情绪，这些行为都无法使我们建立信心。反映真相能使我们从客观的角度观察自己，找到问题的关键。可以反思，我们是真的自己能力不够，无法做好一件事，还是压根就没去尝试？我们用自我否定取代了积极行动。对于害怕在公众面前发言的学员，我问她“你可以带着这种紧张的情绪面对大家讲话吗？你可不可以很紧张地讲话？”她想了想说“可以”。于是，等她发言完毕坐下来时，她说原来“紧张”和“发言”是没有关系的。

再次，心态迁善。

• 什么改变可以达成你想要的目标？

• 什么原因让你不愿意调整自己？你坚持的是什么？

• 你觉得是你的面子（看法、情绪、观点……）重要，还是实现你的目标重要？

这样的自我发问不是在强迫我们走向好的方向，而是在明白真相的基础上，确定自己真正想要的方向。这时，所有的干扰因素都会在心态迁善的过程中逐渐消失。

最后，行动计划。

• 要实现目标，有哪些可能的方法？

• 要实现目标，需要排除哪些困难？

• 在这些困难中，哪个最难排除？哪个最易排除？

当然，再多的想法也不如一个行动有力，如果不去践行我们的计划，面对现实，我们只是在幻想。

减少对自己的负面评价能让我们树立自信，认识自己的才干和优势，挖掘、接受并积极利用它们，长此以往，潜意识失败者的心态一定会被驱除。如果我们不加质疑地怀疑、否定自己，接受错误的信念，最终只能与平庸为伍。

●时刻提醒自己

【防止成为“潜意识失败者”】

1. 勇敢表达自己的明确的欲望，不预设结果。

2. 制订详细明确的计划。

3. 投入行动，直到计划完成。

●练习

1. 先让我们看一段美容院老板的口述：

我有一家自己经营的美容院，生意一直都不错，今年又扩大了规模。但让我烦恼的是，员工的业绩并没有随着规模的扩大而提升。我的目标是一年做一百万，员工们却觉得能完成五十万就不错了。其实，以我对行业的了解，每年一百万的业绩根本不是问题，只是，他们提出了眼前面临的种种困境，这让我对自己也产生了深深的怀疑，“我们真的可以做到这些吗？”

假设你是美容院的老板，根据教练技巧，你会向员工们提出哪些问题？要注意，提问的过程需要帮助你觉察到真实的自我，包括你对目标的信心、迟疑和担忧。当然，在挖掘员工可能性的同时，你也需要检视自己的完成度：这些问题是否会卓有成效呢？他们能否真正被激发？

以下几条思路能帮助你检验自己的成果：

• 面对员工的质疑，你发现自己内心出现了哪些恐惧和担心？（例如员工流失、对我不信任、我的颜面扫地等）

• 这些恐惧和担心会给你带来什么影响？它们能有效支持你完成目标吗？

• 是你的目标重要还是面子更重要？

• 如果你完成了自己想要的结果，会怎么样？（你可以视觉化想象自己确切想要的东西）

• 此时，你将如何运用四步教练技巧来支持你的员工？

• 当你确定行动方向后，将如何根据 SMART 系统制定自己的行动步骤？

• 你什么时候开始这次行动？

2. 积极探索自我，感受对自我价值的认知、深化对自我的认识，尝试新的自我。用 10 分钟时间，写出 20 个自己。

如：我是一个男人 / 女人

我是一个开心的男人 / 女人

我是一个喜欢幻想的男人 / 女人

我是一个令人讨厌的男人 / 女人

我是一个喜怒无常的男人 / 女人

我是一个……

3. 把上述有关自己的陈述做个大致的分类，思考一下，

有多少是属于社会角色的，如：我是医生，我是领导等；

有多少是属于对自己的躯体认识的，如：自己的身高、体重、长相等；

有多少是关于自己的内在性格特点的，如我喜欢和人交往，我外向，我好生气等。

仔细看一看自己的分类，可以从中得到什么启发？

4. 就近和朋友交流，看他对你的陈述有什么看法，想一想他的看法对你有什么启发？

---

5. 再将上题以下面的分类的方式重新归纳一遍，看对自己有没有什么新的发现？

类一：有关体貌和躯体健康状况的（例：“我是一个身高 ×× 厘米……”）

类二：有关心理及其健康状况的（例：“我是一个性格……”）

类三：有关自己兴趣、智力和能力特点的（例：“我是一个喜欢……”）

类四：有关自己的身份特点的（例：“我出生在一个……家庭”）

类五：有关自己社会资源和人际交往特点的（例：“我有……个最要好的朋友……”）

类六：有关自身的价值观、人生目标的（例：“我是一个随遇而安的人……”）

6. 仔细比较两次归类之间的区别，看对自己有没有什么新的发现。这些新发现对你有什么启发？与朋友讨论两次练习之间的差异，并把对自己的认识与发现以小结方式记录在空白处。

●更多建议与箴言

【你是“潜意识失败者”吗？】

◎回到事件本身，不做假设性评价。一般来说，当我害怕自己做不到或者做不好一件事情时，是害怕接受自己的平庸，害怕自己在他人眼中是个“loser”（失败者）。我们只需告诉自己“没错，但事实就是这样”。承认并接受事实，既不否定也不逃避。

◎做最坏的打算，但这并不意味着世界末日即将到来。如果害怕一件事做不好，我们不妨设想最坏的结果，认清自己“到底在害怕什么”“会产生怎样的风险”等，然后我们会发现，其实也没有自己想象的那样可怕嘛。

◎接受“我失败了”，但不要觉得“我一无是处”，这样做是为了防止我们贬低自身的价值。每个人都会面临生活上的困境和局限，不要对自己太苛刻，我们要学会和既成事实说再见，然后认真总结反思，不让盲目消极的自我暗示主宰我们，限制各种可能性，更无需害怕、畏缩、恐惧，否则，我们对自己将永远不满意。

世界上没有“本来就那样”的东西

人的盈满是信念和心态上的盈满，昨天的“看见”形成了信念，过去的经历造就了经验。唯有突破信念上的屏障，超越心态上的框框，改变宿命的因果推理，新的可能性才会出现。

在与被教练者互动的过程中，合格的教练不能觉得“事情本来就那样”，用主观的判断与被教练者互动。我们要把自己从观点的牵扯中抽离出来，懂得对方给我们留下的感受，就是生活中某一类人的人生经历，我们可以用感受去互动与求证，但要牢记，我们不能把自己的感受强加在对方身上，仅从自己的角度去看对面的人，陷入“他就是这样的”的思维中。否则，教练原本可以激发出的十种可能性已经被抹杀掉了九种。

聆听时，教练以“无我”去接纳对面的声音，不被对方的情绪影响，这是互动的前提。空了之后，心态上才能做到谦卑，才能有方向、有想法地跟当事人求证、沟通，而不是受到谈话伙伴的思维和沟通模式的影响。教练保持这份“空”，被教练者才会移除心理戒备，才会将真实的感受表现出来。

正是这份“空”的心态使我将每一次教练过程都视为一次新的开始，努力与学员达成一种信任的伙伴关系，而不是急于传授知识和技能。教练以“空”来达到内心的澄明，就像每次被孩子涂上各种图案的玩具画板，轻轻一刮又干净如新，等待孩子展示更精彩的表现。如果我们本身就是色彩绚丽的图画，那孩子将如何作画呢？教练不决定学员想要什么，想去到哪里，不是预设结果，而是确保被教练者最大程度地明确自己的理想状态及做出行动承诺。

如果朋友告诉你，她的丈夫有了外遇，她非常痛恨那个第三者，以朋友的身份，你会怎么做？你会在她叙述的时候，发现自己越来越生气，并且非常赞同她的观点：“没错，她就是该死，这个十恶不赦的女人！”甚至赶紧劝她和那个“浑蛋”离婚。为什么会这样呢？因为过去的经验告诉你，“小三就是一段婚姻失败的根源”“小三就是该死”“小三就是罪大恶极”……这种印象和观点是经过长时间的积累沉淀而形成的。当我们带着这个惯性的视角来审视问题时，就有了相应的想法、信念、假设和评价。如果站在教练的位置支持对方，我们会从对话中抽身出来，从一个中立而好奇的角度来观察，与对方一同展开思路。我们应当帮助对方觉察到，一段婚姻的失败，不是其中某一个人造成的，双方都有值得反思和调整的地方，如果我们自察不到其中的原因，认为“事情本来就是那样的”，一味地发泄情绪、指责对方，那么，我们将很难看到一种新的生活的可能。

有次上课之前，我让学员们先做一个游戏，互相追问对方：你是谁？

这个回答可以是任何东西。也就是，我可以什么都是，也可以什么都不是。你可以说，我是一个 ×× 的人，也可以说，我是一个 ×× 的东西。

游戏完成，有学员分享说，他的搭档一直都在说自己是一个什么物体，而不是一个什么样的人，所以他很受搭档的影响。

“我是谁”是一个亘古常新的哲学命题。终其一生，我们都不一定能知晓答案，或者它根本就没有答案。这个游戏使学员们突然意识到，他们除了是平时上班、工作、回家、吃饭的自己，还可以是别的什么，是不一样的存在。

“我”可以是一只杯子，一只梅花鹿，一片湖，一台电脑。当你去感受的时候，你可以确实感受到，你就是它们。从平时那个固定的自己身上解脱开，你会赫然发现一大片的空间，仿佛可以灵魂出窍，附着在任何事物上。王阳明说：“我心即宇宙”，正是个体洞观世间万物的高妙和超然。

当然更可能的是，你是一个好老板，好父亲，好母亲，好儿子，好妻子。不要自己把自己捆住了，如果你愿意，你可以是一切。

教练课上，我们经常会让被教练者体会各种状态。有一次，我让大家体会“没有”这种东西。大家都感觉很新奇，“没有”是什么呢？我们的思维不允许自己感受“没有”，它需要体会“有”。我们其实是接受不了“没有”的。即使“没有”，也要用“有”来表达。很多人因此无法进入那种空无一物的无我状态，也接受不了这样的状态。

我们的思维就像一个无底洞，需要不停地填满——填概念。

如果我们一直问问题，就会受不了——因为我们想要答案。当得到了一个答案，我们就觉得塌实了，满足了。我们平时也接受不了“不知道”，不管怎样，一定要“有”些东西。这个追求“有”的过程，就是填满、塑造、定型、固化的过程，它帮助我们理解这世界，也直接消除了诸多可能性。人们常说，小孩子就像一张白纸，成人的世界会影响这张白纸上的画面。如果能保持孩童的清澈，社会也许会简单得多。

一种固定的东西，只有有限的可能性。如果是“空”的话，就有无限的可能性。因为什么都不是，就可以什么都是。一张木质的桌子可以有很多用途，吃饭、写字、下棋、谈话、跳舞甚至砸人，但局限是，它已经是一张桌子。但如果是一堆木料，它们可以被做成桌子、椅子、柜子、床、书架等更多的东西，可能性激增。但人的思维往往接受不了“空”，因为我们总是会被一些固定的模式所限制。

有位学员说，这个游戏让他想到了《西游记》里的孙悟空。我们第一步要做的是“悟空”，因为只有悟到空了，才有机会成为其他，才有七十二变，才有十万八千里。第二步是“清空”，很多东西堆在意识深处，潜移默化地影响我们的思维，固定某些模式，它们需要适时清空。第三阶段才是“填空”，把好多东西再填进了。这样形成了一个循环，知识、信息、意识才能不断更新。

现实中，我们往往被太多的东西填满了，没有转身的余地，也没有思考的空间。我们所获得的似乎永远不够，没有考虑过清空的可能性，因为那意味着“失去”。我们不愿意失去任何，因为安全感依赖于它们。但教练技术就是要让我们重新认识“自我”是一种什么概念。佛教里说，“自我”是并不存在的。你首先得了解这个“空”，然后才可以去塑造和填满它。想要别人体会“没有”，你就要先认识“没有”，然后才可以有“有”。

具体到个人生活里，获得“无”的领悟的重要途径是遭受挫折、失败。只有当一个人经历过失败，体会过挫折的酸楚，才能开始寻找“自我”，也才有机会认知世上本无“自我”，一切都是因缘际会。但体会到了挫败不等于我们放任自流，积极入世的态度永远值得提倡，每个人走出挫败的方法也许各不相同，但有一条信念是相同的——方法总比问题多，世界上没有“本来就那样”的东西。

一位妻子说她为先生付出很多，为了他身体健康，为了他不生气，自己在很多事情上一直忍让。但结婚这么多年了，对方都没有改变，所以心里很不平衡。她觉得很不值。

教练对她说：“你的做法是一种牺牲，而不是创造。你以为为了他心情好、身体健康，就一定要牺牲你的感受吗？其实，你可以去打开新的可能，既对他好也善待自己！”

无独有偶，某位年轻的管理者也对教练说了类似的困惑，他既想管理好自己的企业，又想过轻松自由的生活。

教练帮他区分："我听到你有一个非此即彼的观念，好像你要做管理就不能轻松自由。你为什么不可以轻松自由地管理呢？很多成功的企业家不是也经常爬山、旅行、打高尔夫吗？"

还有一个这样的案例：教练挑战一位营销经理在短时间内做出一个成果。这位经理说做不到。他觉得要在短时间内做到就不能保证成果的质量，要保证成果的质量就不能保证时间。于是教练就对他说："你讲的是一种常规，要么牺牲效率，要么牺牲质量。而我对你是高要求的，我看到你完全有能力两样都做到。当然，你需要去创造一种新的可能——在保证时间的情况下，做一个高质量的成果。"

在教练的启发和激励下，这位经理开阔了信念，真的实现了这个成果。有时候，我们把牺牲看作是"本来就要发生的"，将这种牺牲作为换取回报的手段，殊不知，有些牺牲根本是不必要的，这样做，仅仅是因为我们没有发现新的可能，没有看到我们可以去创造。

●时刻提醒自己

【世界上没有"本来就那样"的东西】

1."自我"并不存在，它如同佛教里的"无念"，即心不能被外界干扰，有念头而又不执着于念头。

2."清空"才可以使用"空"这种东西，即放下我们对事物的判断和演绎。

3. 没有看到新的可能，就无法创造。

●练习

很多时候，我们由于缺乏思想上的开放，而与很多非常好的思想、理念擦肩而过，并因此错过很多发现并且实现自己潜能的机会。事实上，每个人的思想都有一定程度的局限性和封闭性，重要的是我们要尝试去发现它们，并学习以更广阔的视野去看待世界和自己。

1. 请列出你平时不感兴趣的事，越多越好

(1) 我不喜欢……

(2) 我不喜欢……

(3) 我不喜欢……

(4) 我不喜欢……

(5) 我不喜欢……

当你和外界互动时，有没有发现你的标准给你自己和这个环境带来些什么？这就是你的自我模式对环境造成的影响。这种影响无所谓好与坏，对与错，只是，当你这样做时，可以想一想，你的梦想是否还在前方？你的行为对于梦想而言是动力还是阻力？解决这些问题，最关键就是要提升自我觉察力。

2. 在与朋友分享前，先以觉察力看待自己，写下你对自己身上问题的发现。

____

3. 和朋友共同分析彼此的练习，看它们中哪些属于原则问题，哪些不属于原则问题。划掉对你而言属于原则性问题的条目，看还剩下多少条？

然后，就剩下的条目问自己：

"我原来为什么会这么不喜欢……"

"我以前因为不喜欢这个而损失了什么……"

"如果我这样做了又会怎么样"

“我为什么不给自己一个机会去尝试一下”

例如：某人原来有一条是“不喜欢与人交往”。那么，他现在在自问的时候就可以说：

“我原来为什么会这么不喜欢与人交往？”

“我以前因为不喜欢与人交往而损失了什么？”

“如果我与人交往会怎么样？”

“我为什么不给自己一个机会去尝试一下与人交往？”

4. 写下新的宣言：

在本子上以“我选择现在去喜欢……”的方式，把上述那些非原则问题以此句式罗列出来。

“我选择现在去尝试喜欢……”

“我选择现在去尝试喜欢……”

“我选择现在去尝试喜欢……”

“我选择现在去尝试喜欢……”

“我选择现在去尝试喜欢……”

“我选择现在去尝试喜欢……”

5. 请在下面空白处记下你的感想和发现。

____

需要说明的是，练习的意图不是让你喜欢所有的事，而是锻炼你对事物保持开放的态度。因为只有保持开放的态度和习惯，你才能有更多发现新事物的机会和发展自己的潜能。所以，练习过后，你仍然可以选择喜欢什么或者不喜欢什么，但是，这种选择已经不再仅仅是因为你的封闭和保守，而是你真正出于思想的自由而做出的选择。

6. 请根据下面的问题写下你的答案：

（1）人为什么活着？

（2）人的目标是什么？

（3）你工作是为什么？

（4）你建立家庭是为了什么？

（5）目前的你是否走在与以上目标一致的道路上？

（6）你现在是否还有像最初建立梦想时的激情、快乐？

（7）如果你没有激情、快乐，你正在做的事情又有着怎样的意义？

●更多建议与箴言

【世界上没有“本来就那样”的东西】

◎不脱离主要目标。行动时，我们要分清目标的轻重缓急，如果随意地胡乱瞎抓一气，结果只能事倍功半，甚至是劳而无功。在执行过程中要善于把握事情的关键，不能不分主次，甚至把力气都用到次要方面，导致总目标的偏离。目标的调整应当谨慎、可行，一般情况下，目标只能进行微调，而不能彻底改变，偏离目标导致的损失无疑是十分惨重的。

◎集中精力。很多人之所以无法将责任落实好，并不是因为他们没有才干，而是因为没有集中精力专注地去做最应该做的工作，过于分散自己的精力。集中精力意味着把我们所有的注意力集中在一个问题上或一项工作上，不受外界环境的影响，专注地做事情。

◎一次只做一件事。这个习惯需要慢慢练习，在意志力的驱动下，有意识地、自觉地训练自己对工作的专注力，提高自己的执行力。

甩掉“包袱”奔跑吧

毫无疑问，那些阻碍我们下决心采取行动的信念，往往就是我们看不见的“包袱”。它象征了所有的理由、谎言、借口和对未来的合理化解释，将我们囚禁在一个无法充分认识自身价值和潜能的世界里，我们因此怀疑自己是否有能力做得更好。这种自我设限的态度总会让我们停滞不前，除非肯抛弃它，否则我们将永远无法体会和现状所不同的生活，终生都被借口、理由拖累，成为固步自封的受害者。可悲的是，我们许多人都会背着这个包袱到处行走，将自己和平庸的生活捆绑在一起。

上周末，我的大学好友梅子从新加坡飞来北京看我，我们周末约去溜冰。事实上，我已经 20 年没再碰过那玩意儿了。为了不让自己摔倒，我选择了鞋底是两排轮子的旱冰鞋。然而，穿上它我就后悔了，每走一步都感觉自己头皮发麻，好像随时会摔倒。于是，只能沿着护栏一步一步往前挪。

梅子的动作很熟练，她曾是校溜冰社的社长。梅子一边在场内玩耍，一边招呼我放开护栏，依靠身体的重心掌握平衡：“来吧，两只手背在身后，它能帮你减少身体的晃动和风的阻力，别害怕！”

我慢慢地松开护栏，按照她指出的要领试着练习。此时，一个个孩子穿着单轮溜冰鞋从我身边飞驰而过，他们看起来只有四五岁，动作却娴熟极了。

“他们学了多久？”我问一位离我不远的溜冰教练。

“半年不到。”

“滑得真好！”此时，我把注意力转向远处的一个孩子，却突然忘记控制自己的平衡，一屁股摔倒在地上！那一跤真是摔得不轻，它让我再也不敢放开护栏了。

“我想，这或许就是为什么成人学得慢，而孩子们学得更快的原因了。”教练很同情我的处境。

“什么？”我不懂她的意思。

“成人都知道摔跤的后果，甚至会联想出更多对自己不利的情绪，但孩子们不会，他们虽然也害怕跌倒，但更多时候会把它当作一件快乐的事情，他们的想法很简单。”

我一直以为，更多的经验能增加我们处事的信心，而这一次，它却像一颗定时炸弹一样，不时在我耳边发出嘀嘀嗒嗒的警告声，提醒我在众人面前出丑有多难堪，摔在地上有多痛。可见，既成信念会扰乱我们内心的平静，让我们在现实面前束手无策。

当我们被这样的信念干扰时，就会让自己深陷自我问题的囹圄之中。然而，绝大多数问题都是我们想象出来的，那些虚幻不实，只会使我们逐渐失去尝试改变、不断学习和积极调整自己的能力。

教练通过激发人们的潜能，帮助对方实现自我的“自由”之路。这个过程的关键在于，我们要有控制自己思维的能力，因为稍有不慎，思绪就会从积极转变成消极，接着控制热忱。然而，好在我们可以将任何消极表现和经验转变成积极表现和经验。

我的学员小董是一名推销员，在一次推销中，小董认识了一位医生。为了介绍产品，他使出浑身解数，但医生在听完小董的讲述后，只是很无奈地表示，自己是做外科的，提供的那些药他一种也用不上。

这令小董很尴尬，看来，力气都白费了。但事实上，他通过这个机会和医生成了好朋友。或许是被小董的态度感染了，医生很乐意听小董介绍公司推出的新产品，并表示如果有机会，他会介绍给适用的病人。通过这位医生，小董也了解到外科病人的一些情况，他把医生提到的情况记录下来，并在公司会议上提出自己的想法。小董认为，公司在研发医疗器械时，可以多听取一些病人的反馈，器材应用上的许多细节，或许只有病人在体验后才能提出实际的建议。

小董的建议得到了经理的采纳，新研发的产品不仅得到了病人的认可，小董也因业绩出色被提拔为部门主管。与其说小董的成功取决于他的才能，不如说取决于他掌控自我信念的能力。当我们不再背负心理的包袱，就只会剩下两个简单的选择：无法接受眼前的困难并且认输；接受挑战寻找新的可能性。此时，该选哪一个你将一清二楚。

如今，小董已经在销售公司做到了主管的职位，而使他坚定决心做好自己这个职业的原因是：

◎目标赋予我们价值和意义，它让我们有机会为别人做些什么。(厘清目标)

◎做真实的自己，别让他人的目标和外界因素决定自己的方向。(反映真相)

◎良好的态度能激发心底的欲望，让我们有力量专注于自己想要的东西。(心态迁善)

◎制订详细的销售计划，列出每一步工作开展的细则。(行动计划)

是时候建立一个新的信念了，你也可以根据四步教练技巧规划自己的人生蓝图，让自己的注意力从错误的事情上转移到自己希望的目标上。

四十五年前，美国洛杉矶郊区的小镇上，一个十五岁的男孩列出了一个人生计划："到尼罗河、亚马孙河和刚果河探险；登上珠穆朗玛峰、乞力马扎罗山和麦特荷恩山；驾驭大象、骆驼、鸵鸟和野马；探访马可·波罗和亚历山大一世走过的道路；主演一部《人猿泰山》那样的电影；驾驶飞行器起飞降落；读完莎士比亚、柏拉图和亚里士多德的著作；谱一部乐曲；写一本书；游览全世界的每一个国家；结婚生孩子；参观月球。"他把每一项都编了序号，一共有127项目标。到现在为止，他已经完成了其中的106项。他获得了一个探险家能享有的所有荣誉，其中包括成为英国皇家地理协会会员和纽约探险家俱乐部的成员。在他的内心深处，他坚信有一天终能实现他的第125项目标——参观月球。这个人就是美国探险家约翰·戈达德。

这种信任自己，并且相信自己有能力做得更好就是一种“看己之大”的心智模式。它的奥秘并不在于看到什么，而在于相信自己有潜力做到什么，不被思想包袱所束缚，保持好奇心，主动探求生命新的可能性。这是具备良好心态的基础，让那些“我觉得无能为力”的人丢掉可悲的假设，成为实干家。

当我们对自己有了全面的觉察和认识，内心的力量就会源源不断地向外涌动。它使我们学会倾听他人的想法，看到对方的优点和潜力，并学习将他人的经验融会贯通。这种被关注和尊重的力量自然地激发了人们的热情，也激发了人们对待问题负责任的心态。

相信事物有更多的可能性，就会收获更大的成果；相信人有更大的可能性，就会创造更大的奇迹。“看人之大”的心态可以“点石成金”，因为你的看法会影响别人的做法，你的期望也会影响别人的愿望。

人类是一种极容易接受暗示的动物，积极的暗示会让人拥有积极的未来。西方心理学著名的罗森塔尔效应（也叫暗含期待效应）就能说明这一点。

“罗森塔尔效应”是这样的：美国心理学家罗森塔尔教授做了一个实验，把一群小白鼠随机地分成两组：A 组和 B 组，然后，告诉 A 组的饲养员说，A 组的老鼠特别聪明，同时告诉 B 组的饲养员，B 组的老鼠是智力一般的。几个月后，对这两组老鼠进行穿越迷宫的测试。发现 A 组老鼠确实比 B 组老鼠聪明，能够先走出迷宫，找到食物。

于是，罗森塔尔教授得到一个启示，他把这个启示用在人的身上。

他到一所普通的中学里，在一个班里随便走了一趟，然后在花名册上画出了几名学生，告诉老师这几名学生智商很高，也很聪明。过了一段时间，教授又来到这所中学，那几名被他画出来的学生果真成了班上的佼佼者！

罗森塔尔教授说，我对这几位学生根本不了解，只是随便画了几个。教师们听了都很惊讶。为什么会发生奇迹？因为人的“期望”有神效。

罗森塔尔教授是著名的心理学教授，在教师心目中是很有权威的，因而教师们对他的判断深信不疑，他们对那几名幸运的学生产生了积极的暗示，像对待聪明的孩子一样对待他们。而这几名学生感受到了这种期待，也认为自己是聪明的，从而提高了自信心，提高了学习标准。最终他们真的成了佼佼者。

这就是著名的罗森塔尔效应。在我的生活中，也有很多这样的经验——“想了一千遍就成真的了”！

你相信什么就会拥有什么，你期望什么，什么就会发展——你相信有更多的可能性在等待自己，你就会想方设法为自己创造更多的机会。我小的时候，家人都说我“学习好，长大会有出息”，当时自己没在意，但我越长大越发现自己正朝家人期望的方向努力，而且这种期望好像呼吸一样成为自己不可缺少的一部分，几乎无法察觉，冥冥中认定那就是自己的愿望。

教练的工作是支持个人和团队的成长，促成目标实现的过程，同时也是减少当事人的干扰，激发人生理想，充分发挥潜能的学习过程。教练要相信、深信、坚信——追求更好是人的天性。每一个人都会为自己选择最佳的生存方式，为自己的生命负责。但为什么有些人会作出愚蠢的决定或无效的决定呢？原因往往只是由于不清楚自己的需要，或者看不到还有其他选择而已。

当他们真正清楚了自己的需要，有能力看到自己更多的选择，就会为自己作出最佳的决定，走最适合自己的路。而且教练要尊重每个人的选择权，要相信当事人为自己做的决定对他来说就是最好的决定，也须相信每个人都有能力让自己做到最好。

每一次行动前，我们都应该抛下过去陈旧的观念，做到心态归零。不做预设，不报期待，也不想着走任何捷径，把自己当作一张白纸，然后——just do it！

●时刻提醒自己

【甩掉“包袱”奔跑吧】

1.“想了一千遍就成真的了！”当你认为自己是有能量、有激情的人，慢慢就会成为这样的人。

2. 把沉闷的工作转变成具有挑战性的比赛。

3. 抛下装满恐惧、逃避和托词的沉重“包袱”。

●练习

根据下面这些原则可以写出积极的自我声明：

1. 随时强调“我”的作用。

像“我”“我的”这些代名词，可以使你的声明个人化，以及更容易记住及吸收。

效果欠佳：“慢跑是很好的运动。”

效果良好：“我每天慢跑三千米。”

2. 用现在时催促自己行动。

用过去或将来的口气写出你的声明，将会冲淡你实现目标的努力，或者甚至产生反效果。

效果欠佳：“总有一天，我要前往夏威夷。”

效果良好：“我喜爱毛伊岛的海浪和沙滩。”

3. 让自己的目标尽可能简洁。

效果欠佳：“到现在为止，我已存了 5000 元，我可能自行创业，希望能够成功。”

效果良好 ：“我投入 5000 元后，我的事业资金就够了。”

4. 把你的目标带向渴望的方向，而不是逃避你不愿接近的目标。如果你企图告诉自己不要再犯同样的错误，你的意念反而会加强这个错误。因此，你必须把你的精力集中于你渴望获得的事物，而不是你不喜欢的。

效果欠佳 ：

“我可以把烟戒掉。”

“我将减轻 20 磅的体重。

“我不会再迟到了。”

“我不对孩子们大吼大叫。”

“我在踢足球时，不再漏球。”

效果良好 ：

“我现在已能控制一些不良习惯。”

“我目前体重 125 磅，身材修长、结实。 ”

“每次约会，我都提早到达。”

“我对待孩子充满耐心与爱心。”

“我要好好踢球及接球。”

5. 和自己竞争，不和他人比。

效果欠佳 ：“在团体中，我的行动总要比其他人领先一步。”

效果良好 ：“我要领先整个团体，并把工作做好。”

6. 努力改善自己，不要好高骛远。

效果欠佳 ：“我是公司中最佳的销售人员，赚钱最多。”

效果良好 ：“我今年要尽力做好，要比去年增加 20%。”

这种方式同样适用于我们日常的工作中。你清楚地把目标都写在卡片上后，每天把记有目标的卡片带在身上，养成习惯，不管到什么地方去，都不要忘了带这些卡片。每天早晨，在你开始一天的日常工作之前，先把它们念一遍，在白天时，抽空把它们翻看几遍，晚上睡觉之前，再念一遍。想象你已经甩开了“包袱”飞奔在实现目标的路上，感觉自己拥有了荣耀。如果可能的话：读这些目标并录下来随时随地激励自己。

●更多建议与箴言

【甩掉“包袱”奔跑吧】

◎学习“量子生活，一步到位”。即有目标就要去做，不要自我设限，我就是我想成为的那个自己。在我们的生活中也有很多的可能性，只是我们不愿意去发现，没有胆量去改变，这往往是由于我们的固有模式束缚了我们的思想、行为，以至于我们常常自我设限，认为我们和目标之间是有距离的，现在我们还做不到，因此放弃改变。然而，无时无刻都可以改变，也许在下一秒，我们就可以成为一个不一样的自己。

◎“量子生活，一步到位”是一种正能量心态。生活中我们总是被这样那样的事情干扰，有时一路盲目前行却忘记了曾经的目标在哪里。我的学员中经常有人抱怨夫妻之间的矛盾，认为在某件事情上对方惹自己生气了，自己就会一直不开心，结果双方僵持下去，最后局面难以收拾。但真实的情况是，他们的目标是为了构建一个和睦的家庭，如果忘了这个前提，那么，不开心的事情就会一直控制他们的大脑。唯有去觉察、去体验、去行动，不断植入能令自己达成目标的信念，才会抛下杂念，勇敢地去认可自己、坚持自己，让心中的梦想“一步到位”。

本章总结

核心思想：

善用自己的意志力和责任感，并且着手行动，更能轻而易举地解决问题，反之，只会愈发无助。

深入剖析：

●面对行动，你最大的恐惧是什么？为什么它阻碍你变得更好？

第七章

HOW TO DISCOVER AND ACCEPT THE BEAUTY IN IMPERFECTIONS BY OURSELVERS

用心成长，重新审视自我的价值

教练技术不是灵丹妙药，不能帮助我们解决所有问题，但它却能帮助我们觉察问题，经由“唤醒点亮”自我的潜能，找到答案。它向那些对世事的变幻感到困惑、焦虑、痛苦和绝望的人们提供教练、引导和支持，因为这些问题正越来越多侵蚀着人们的生活以及对未来的希望。我们必须肩负起责任，并且帮助他人肩负起责任。

抱着这样的初衷，我的师父黄荣华女士创办了“成长心连心”大型公益活动，自 1995 年春在湖南桑植县沣源镇二小启航，现已风靡国内外。它以生动活泼的体验式互动模式，增进学生、老师和家长之间的真诚沟通与交流，拉近了心与心的距离，增强了彼此的信任、责任心和团结协作精神，使每个人的内心都得到了成长。

一路走来，“成长心连心”公益活动一直反响热烈，成为社会和政府公益机构纷纷效仿的对象。从中学版到大学版、从企业版到家庭版、从中国版至全球版，“成长心连心”已成为公益活动的典范和通用名词。

2015 年 8 月，“成长心连心”创立 20 周年之际，在一项由成长心连心国际协会（Heart Chorus Association International）主办的“全球成长心连心”(Heart Chorus Global Initiative) 活动中，我们在加拿大多伦多成功帮助了从北美、欧洲、中国的 300 多所院校中筛选出的优秀大学生认知自我、传递爱心。这次活动还诞生了一项新的吉尼斯纪录——“世界最长的信封链条”。在现场，华人大学生和义工们共同将 2409 封装有“把爱传出去”倡议的红色信封，从里到外，连接成六个大大小小的心形环状。活动希望通过信封的传递，将“把爱传出去”的精神向外传播，同时，也用爱在感召着人们真正关注并关怀那些需要支持的群体。

在“全球成长心连心”举办两个月后，活动中国站于10月份在杭州接力。全球的公益人士和公益组织成功为这次活动募捐了资金，它们可以支持300名大学生参与其中。为期三天的活动帮助了来自全国各地的大学生认知自我，走出迷茫。同时，活动也通过唤醒他们的内心，锻炼了大学生的觉知力与领导力，并协助他们主动一对一地帮助300名山区的孩子完成梦想。这即是“全球成长心连心”的宗旨——把爱传出去，以生命影响生命。

之所以把目光投向莘莘学子，是因为大学生是十分宝贵的人才资源，是未来社会的生力军，也将是未来许多企业、平台的领袖。我们希望“成长心连心”不仅能为大学生步入社会前解答一些对于职业规划、未来理想的困惑，也希望能通过这个活动帮助大家提升自我觉察力，在工作和生活的各个方面持续提升表现。这也是我们做这项公益活动的意义——授人以鱼，不如授人以渔。

唯一能把握的，就是主动选择成就自我的机会

对于即将毕业的大学生来说，我们应该如何去面对自己的未来？如何去面对合作伙伴、家庭和事业？这是摆在我们面前的一个重要课题。在这里，我希望通过对“人本”概念的学习让更多人带着清晰的意愿去自我检视。

在人本教练的概念中，人分为内外两面，“内”是潜藏在我们身体里的信念和能量，不易被察觉，却对我们人生的决定和行动产生巨大的影响；“外”是外在能力的表现，它更多的体现在知识和技能中。就像“人”这个汉字，由一撇一捺组成，我们的人生也是由信念心态和知识技能共同支撑起来的。如果把人生比喻成一场马拉松，知识和能力决定了我们和谁站在起跑线上，信念和心态

则决定我们能跑多远。

教练技术关注的就是我们“内在”信念的部分，这也是我们常说的“软实力”。这个概念是在1990年由美国哈佛大学肯尼迪政治学院院长约瑟夫·奈提出的。我们常常会在讨论国家的综合国力和竞争力时，谈到“软实力”，它相对于国内生产总值、城市基础设施建设等硬实力而言，是城市在文化、价值观念和社会制度等影响自身发展潜力和感召力的因素。

因此，拥有并运用软实力是发挥自我潜能、提升竞争力的关键所在。它关系到我们的人生会不会有重大的突破，也关系到我们长久的职业规划。这个突破取决于我们的信念和心态，想要成果不同，信念必须有所不同。

水杯里装了半杯水，是我们的信念决定了所看到的是半满还是半空——乐观的人说“这杯水是半满的”，悲观的人说“这杯水是半空的”，前者看到了已经拥有的部分，后者关注自己还未得到的部分，这就是固有的心智模式对我们的心态产生的影响。在日常的学习和生活中，你愿意自己是哪一种？半空，还是半满？

执着于“半空”的人，他们在生活中是这样的：

√为学费所困扰的C同学，选择关注家庭支付学费的困难，而不是关注目前在大学里有很好的学习和提升能力的机会，不去关注自己可以通过什么方法来解决困境。

√正在某公司实习的阿睿，总是抱怨那些令她不满的规章制度，从来没有意识到自己可以在这里学到什么。

√选择受害者姿态的小芹，认为自己在家带孩子是被迫的，聚焦于她为家庭的付出得不到理解，是家庭拖累她寻找自己的梦想。

心态不同，产生的能量就会不一样。同样是“半杯水”，积极主动的人看出了“希望”，被动消极的人却视为“挫败”。

任何时候，积极正向的心态都像一盏明灯，激励着我们的思考与行动。在这个主动承担责任，寻找方法的过程中，我们不仅可以学到更多的东西，也更能将自己的优势转化成未来的机会。我接触到一些大学生，面对激烈的就业环境、对上司，甚至对顾客的需求，总是习惯喋喋不休地抱怨，从来没有意识到陷入今天的局面，完全是由自己造成的。他们只会抱怨、发牢骚，他们的信念只能让自己看到那些消极的东西，画地自限，无法采取任何行动——把得不到的东西用一种不需要的信念来掩盖，把做不到的事情当做命运的安排来自我安慰。

单位组织中最不缺的就是这样一群员工，他们对自己的工作环境颇有微词，期待上司某一天能变得像自己希望的那样开明，总是期待外界能给自己更多，却不愿意做出相应的付出。这就是多年来被固有信念“蒙骗”的结果，它像一个心理程序般指引我们所有的行为，使我们降低期望，即使你有了目标，也会被它半路“劫持”。所以，很多刚步入社会的大学生都会对自己的未来生活和职业规划感到迷茫——在错误信念的操纵下逐渐失去了自己。

是什么习惯阻碍我们做出突破性的思考？当我们以为只有半空和半满两种选择时，就已经被限制在固有的思维框框里了。还有更多的可能吗？当然有。有人会选择再找些水来装满这个杯子，也有人觉得水杯太少不够大家用，于是找来更多水杯和水，还有人甚至会以此联想到“只有半杯水，原来这里的水资源这么匮乏，或许收购水塘、兴建滤水厂是一门不错的生意。”不同的想法将带给我们不同的结果，唯有突破信念上的屏障，新的可能性才会出现。

虽然常规模式能让人们处于心理安全的状态，但是在职场中，如果一个“安全专家”不敢向“高难度”的工作挑战，那么，在与那些“勇于挑战的职场勇士”的竞争中，就永远不要奢望得到老板的垂青。

我曾和朋友阿文在一些业务上进行过合作。他最初为一家500强企业工作，职务很低，可当再次见到他时，他竟然已成为公司总裁的左臂右膀，担任其下属一家公司的信息主管（CIO）。

“你是如何做到这一切的？”我对他短短两年的变化惊叹不已。

“其实也没什么特别。只是工作之初我就注意到，每天下班后所有人都回家了，领导仍然会留在办公室里继续工作。我那时刚毕业，下了班一个人也没什么事做，索性就留在办公室里。没有人要求我这样做，但我认为自己应该留下来，在领导需要时做一些力所能及的事情。领导经常需要找文件、打印材料，最初这些工作都是他亲自做，很快，他就发现我随时在等待他的召唤。后来，他逐渐会交给我一些相对复杂的事情……”

阿文的做法并不能获取更多的报酬，也不会因此获得晋升。他所得到的，只是与领导更多的接触机会，令领导注意到他，仅此而已。但这难道不就是一个很大的竞争优势吗？

相信任何一位老板都会欣赏积极主动、自愿分担任务的员工。对于这类员工来说，工作中的每一个问题都是一次体现自我价值的机会，此时，他们会问自己：“关于这个问题，我还能做点什么？”“我们如何解决问题，克服眼下的状况？”相反，在问题面前，被动的员工第一反应不是坐以待毙，就是习惯性地解释自己没有得到足够的资源或事先不知道状况的发生。此时，他们只是在逃避压力，为自己寻找借口。

主动出击吧。在今天这种商业格局迅速变化的职场里，不是每一个管理层都能了解自己该做的所有事情，如果我们是员工，消极被动的后果可能是让整个团队蒙受损失，最后自己也丧失机会。

当我们试着主动解决问题时，也在目睹自身的努力所带来的收获，这是我们不断学习、进步以及发展的过程。在一场会议中，领导发言后让大家各自分享，结果所有人都闭口不言。看似很安静的场景，其实无比“喧闹”，因为人人心里都在说“让别人先来，我看看再说”“我说不说又有什么关系”……这么做虽然没有对错，但如果抱着这样的心态面对自己的工作，就不要抱怨别人的机会为什么比自己更多了。积极主动永远能为我们获得更多机遇。

生命是一个不断选择的过程，我们每一天都在做选择，只是我们从未觉察，因为很多时候是习惯性的思维在起作用。这些习惯性思维既可以让我们选择对身心有害的习惯：垂头丧气，做困境里的囚徒，每天活在忧虑与不安中。相反，也可以选择让我们积极进取，更加充满能量或是变得更加自信。一切都在一念之间，这就是教练技术唤醒自察力的目的，我们可以选择点亮自我的价值，当然也可以选择点亮他人。

大学生是未来一群可以影响中国发展的人，将会成为各个行业的中流砥柱。所以，我更希望通过心连心的活动唤醒大家一份社会责任感，不论你在做什么，都要注重硬实力和软实力两方面的建造，不可厚此薄彼。就个人来讲，软实力也要过硬，两条腿走路，两条腿都要足够的硬朗和有力量。

我们的梦想决定了我们的使命。现在，我将这把开启梦想的钥匙交给大家，就看你愿不愿意拿起这把钥匙，借着转变信念，改变自己的人生。

从当下开始，与内心的渴望同行

与所有建筑的施工都需要蓝图作为指导一样，愿景是我们人生的创意蓝图。这张蓝图将告诉我们，我们可以做什么，什么对我们来说是重要资源，我们有什么样的能力，现在欠缺什么能力。在蓝图的指导下，我们在挖掘生命潜能的过程中能够坚持正确的方向，以一种科学的方式扩展和挖掘生命的脉络。同时，这张蓝图也决定了我们看待世界的方式，它使我们超越内心的恐惧，感到力量无穷。

所有的事情都是先在思想中发生，然后才在现实中建造起来的。这就是教练模式中“人”的三端，即“Why”（因何），“How”（如何），“What”（用何）。要实现蓝图开始前进，就要清楚这三端分别对应哪三个关键的问题：

- 你人生真正的目标是什么？
- 你用什么样的心态来完成这个理想和目标？
- 为了缩小现状与目标的差距，你会采用什么方法和技能？

心里装有什么样的愿景，就会成为一个什么样的人。教练技术的核心就从这里开始，即以目标和愿景为导向，把我们带到被未来指引的实践当中，一步一步实现计划。因此，即将毕业的大学生们看似是在找一份工作，其实是在选择要成为一个什么样的人，这个目标决定了自己将肩负什么样的使命。

聚焦在目标之上，我们就会全心全意肩负起责任，去做需要做的事情。因此，我邀请大家现在停下来，看一看现在所做的事情和未来的理想是否一致，或者是否已经背道而驰？看一看自己现在的这种心态或者说思维模式对于成就未来有没有帮助？过程中，我们需要不断地自我觉察，然后不断地调整自己。这是体验式学习的特点，我们不争论对错，只是希望大家能带着清晰的意愿去自我检视，看清信念对目标而言是干扰还是动力，进而为自己做出最好的选择。

在活动中每个环节结束的时候，训练师都会问：“过程中你对自己有什么发现？能否说出来与大家一起分享？”台下鸦雀无声，这时候我们不妨想一想，为什么很多同学希望自己成为一位叱咤风云的领袖人物，可表现出来的行为却十分被动，总等着别人来影响自己？你的愿景与行动是一致的吗？如果在一场招聘会上想让对方在很短时间对你产生印象，你会怎么做？还会选择沉默吗？

有的同学会说："我又不想当领导，这个问题与我无关。"事实上，这是由于大家还无法正确区分领导与领导力的关系。试着先观察一下身边的同学，有没有一些人，大家很愿意跟他交朋友，而且走到哪里都很受欢迎。无论他们学的是什么专业，是男生还是女生，他们一定都有一些相近的特质：热情、充满活力、富有合作精神、乐意付出、责任心强……用教练技术的九点领导力概括，就是激情、承诺、负责任、欣赏、付出、信任、共赢、感召和可能性。可见，具有领导力的人不一定就是领导，他可以是自己、是身边每一个渴望变得更好更优秀的人。

我们都希望自己能更加优秀，这是每个人心中的愿景。当我们带着清晰的愿景去自我检视，下决心有意识地选择自己想要的生活时，除了有意识地培养自身领导力外，还要掌握一种区分能力，即区分过去、现在和未来三个时空的能力。我们现在来自于过去，并以此刻为起点延续到未来，从这个逻辑上讲，我们的未来就是过去的延续。但是，我们既不能回到过去也不能跨越未来，我们唯一拥有的是——现在，这是唯一一个我们有机会改变未来的时空。这样说并不意味着我们要否定过去，今天所拥有的知识、技能都是从过去而来，正是过去的经验和教训构成了我们今天的能力。但是，这种没有丁点儿改变的结果真的会令你满意吗？当我们不断重复地用过去的一套方法做事时，我们只是温习已经学到的东西。进步不来源于过去，进步是因为我们学到了新的方法，接触到新的事物，有了新的思维模式。

所以，区分的能力就是帮助大家如何让未来的理想激励自己过好现在的生活，基于我们的未来，来调整我们的现在，而不是延续过去。

每个人都可以对自己的愿景负责，只是随着物质生活的安逸，我们逐渐依赖于如何便利地交换，满足自己的欲求。而这样的交换，不仅仅体现在物质上，也同样腐蚀了我们的灵魂。它将生命的意志当做筹码，如此，信誉失去了，诚信失去了，人与人之间的真诚也失去了。当我们想要启动原本安存于内心的真、善、美时，却被他人加以讽刺。这真的是我们想要的生活环境吗？

唤醒自知的最好手段，就是每次行动前，在四步教练技巧的引导下问自己几个问题，最好还能写出来：

- 根植于我价值观中的愿景是什么？（厘清目标）
- 我目前遇到的最大的干扰是什么？（反映真相）
- 我需要在信念和心态上做出哪些调整，才能创造出令自己惊喜的成果？（心态迁善）
- 我将如何制订一份有效的计划来支持目标的达成？（行动计划）

根据四步教练的启发，面对具体的就业抉择，我们也可以这样问自己：

- 这份工作将给我的职业生涯带来哪些帮助？
- 我为什么要做出这个选择？
- 我的期望是什么？
- 我成长进步的机会在哪里？
- 为此，我将要放下什么？

不同类型的公司需要的人才是不一样的，就如同企业招聘的每一位员工各自的技能和经验也不一样。但归根到底，无论教育背景和职业技能存在多大的差别，每个用人单位想要的都是同一类人——那些带着清晰的目标并且能自主完成工作的员工，他们将会在职场上有更多受到青睐和获得成就的机会。因此，让我们从这一刻开始保持这样一条信念，告诉自己："从今天开始，我就可以做出改变——从现在承担的每一份工作开始。"

走在离自己愿景越来越近的道路上并非一种遥不可及的生活状态，它是每个人都能做到的事情。心理学家马斯洛说：“人类最美丽的命运、最美妙的运气，就是做自己喜爱的事情，同时获得报酬。”如果能从每一件细小的工作中获取更多的经验，发掘自身的潜能，呈现我们的天赋与价值，那么它对你来说就是一种信仰，我们寻找的就不是一份谋生的工作，而是一个事业的方向。

小到每一个员工的工作状态，大到每一个企业的企业文化与精神，只要每一个人都坚定自己的信念，一切都将为你让步。关键是，在瞬息万变的环境下，当诱惑不断出现，我们能否依然不忘来时的路：

• 当你被否定、不被认可的时候，你是否依然坚持最初的梦想？

• 当所要完成的梦想和所要实现的物质要求受到影响、发生改变和影响的时候，你是否还会坚持？

• 面对环境中的不公平竞争，面对他人对你的攻击，利益的冲突，你是否还要坚持？

每一个梦想都会给我们的行动注入能量和动力，同时，也在考验着我们的意志力。当你沉浸在攀登高峰后的沾沾自喜时，是否早已忘记了登高的艰辛？当你跌入谷底不见阳光时，是否因痛苦而绝望？我们可以在辉煌时选择放弃坚守道义，为已有的成就骄傲；也可以在失败时选择放弃继续拼搏，为自己的懦弱辩解。

无论处于何种境遇，放弃都是一件很容易的事情，难的是坚持，是数年、数十年对自我的坚持和肯定。这才是生命的意义与本质，令我们的生活厚重而富有诗意。

人生就是一场不间断的挑战和修行

打破常规需要勇气，这是信念的力量。

只是面对发展，你愿意选择自己的面子还是持续不断的创新力？任何人都会面临进退两难的艰难时刻。别做逃兵，别推卸责任，这也是我们修行的一种品质。

或许，我们可以这样问自己，当取得瞩目的荣誉，是选择原地踏步还是愿意继续接受挑战？这个选择需要更高的目标来支持，而这个目标就取决于你为自己修为了什么；当一个人对道德的坚守无法换取大环境的改变时，你看到的是什么？在生存和理想之间发生冲突的时候，你又能看到什么？每一次的选择都关乎我们对梦想的坚持，关乎梦想的结果。它的背后则是一份坚定不移的信念。

无论梦想的大小，我们要做的第一件事就是确定自己具体想要什么，为渴望的目标创造一幅鼓励人心、清晰可见而又符合价值观的愿景画面，这即是我们面对信念时要做的功课。将目光聚焦于成果之上，会使我们主动地燃起热情——它可以是看得到、摸得着的喜悦，可以是一张张笑脸、是激动人心的庆祝场面，也可以是收获一群志同道合的朋友。只有视觉化自己想要的东西，我们才能感受到自己实际拥有的力量，很自然地明了应当坚持什么，放弃什么。在这份专注下，无论我们做什么，都会显得毫不费力，恐惧便也不攻自破。

对于不同的人来说，信念有着不同的涵义。对于企业家来说，他们的信念要求是讲求信用，讲求公平竞争，讲求长远利益，这是一种“工业精神”的体现，即要多干实事、少说空话、长期作战，耐得住寂寞；更要关注消费者的根本需求，主动承担社会责任，用企业力量推动社会发展。有了这种“工业精神”，就可以把人的力量和智慧无限地聚合起来，实现最大限度的自主创新，创立民族品牌并与世界接轨。

但是，这种做法在这个人人想赚快钱的年代，却显得“不合时宜”。在一些人眼中，企业家没必要去在意这些“形而上”的东西，全社会的问题，不是一个人的力量就能解决的。他们追捧的正是这样一种“商业精神”——置社会责任于不顾，一切以赚钱为目的。

对于有责任感的企业家来说，赚钱只是一项技能，更多的则是担负对社会的责任与使命。马云曾说：创造钱的是生意人，有所为、有所不为的是商人，而为社会承担责任的才是企业家。企业是社会的细胞，社会是企业利益的源泉。企业在享受社会赋予的条件和机遇时，也应该以符合伦理、道德的行动回报社会、奉献社会，增强“企业公民”理念。

20 世纪 60 年代开始，由于人类生存环境的不断恶化，环保运动在全球范围内兴起。70 年代至今，企业的环境保护责任作为企业责任的重要组成部分也开始受到广泛关注。然而，并不是所有企业都能将这种社会责任真正纳入到公司文化中去，相反，还认为这样做会给自己带来很多不必要的支出。事实上，在现代企业的发展中，环境保护、节约资源、低碳经济不仅能为企业带来巨大的商机，提升竞争力，还能为其树立正面的品牌形象。

其实从长远来看，社会目标和经济目标本身并不冲突，实际上它们还是互相联系的。例如慈善事业，不仅能提高企业的知名度、公信力和群众认同感，还能扩大市场占有份额，最终为企业带来相应的经济效益。

这么多年亲历公益活动现场，让我感慨万分。那些热衷于公益事业的人，他们的善良和爱是人类精神动力的源泉，也是人类文明进步的源泉。人类因有了爱，有了想要帮助他人改变困境的善良之心，才充满了希望。虽然我们对“爱”的概念并不陌生，但将它发展为一项成熟的事业，还有很长的路要走，还需要不断地探索和学习，甚至，不断地与人性中的“恶”相抗争。因此，我们更应当停下来好好思考，什么才是真正的公益？做什么样的公益，才能够最大限度、最有效地将“爱”传递出去？

人生就是一场不断的挑战和修行，关键是我们能否不为欲望的啃噬、外界的声音而动摇，仍旧坚持自己最初的理想。法国学者拉布吕耶尔曾这样说过：“几乎所有的不幸，都起因于我们无法一个人安安静静地坐在自己的房间里。”每个人都在为自己的梦想奋斗，这个过程漫长而枯燥。坚守寂寞，坚持理想，是所有成就事业者共同遵循的一个原则。它要求我们以一种严肃深刻又恬静惬意的姿态，行走于艰难的路途之上。

这一切，都需要我们启动自己内在的精神，这个精神就是一份勇敢与责任。是面对没有输赢、没有相关的利益、得不到公平对待时，是否依然坚持内心的秩序，并且通过自己的力量感召他人。通往梦想的道路都是布满荆棘的，没有牺牲和付出，就很难有所收获。没有百折不挠的坚韧意志，就难以应对种种磨难。这是一份自我成长的修行之路。而这条修行之路上所表现出来的所有品质，就是高贵的内涵。让我们用诚信做人，有道义地活着，成为一个有使命感的自然人。

我希望我播下的是一颗种子，种在每个人的心间，成为我们成长的一个新的契机。

活成自己眼中的“贵族”

“成长心连心”已经进入中国 21 年了，21 年来的努力使我们播种下许多积极正向的种子。我们坚信，种子会发芽结果，为我们中华民族的未来添上浓墨重彩的一笔。这也是师父 Eva 的一份心愿——让中国人可以更好。

过去的 2015 年，中国的 GDP 总量已经列居全球第二，而在幸福指数的排名上，我们则被远远甩在了后面，位居第 84 位。这背后的巨大反差值得每一个人深思：为什么我们的物质生活水平越来越丰富，内心却越来越感觉空虚匮乏？为什么我们的企业越做越大，事业的前景越来越好，烦恼却越来越多？挫败感越来越强？同时，我们的生活中还充斥着各种害怕和担忧，我们害怕不可知的事物，害怕死亡，害怕吉凶难卜的未来……人们被禁锢于灵魂的痛苦之中，无法做到内在与外在的和谐地自处。

几年前，我去了尼泊尔的首都加德满都，在这个拥有1000多年历史的古老城市里，我最喜欢做的事情，就是随意地坐在一座神庙的台阶上看看路过的行人。年轻的情侣在一起喁喁低语，身着彩色纱丽的妇女缓缓走过，面带微笑，还有街边的水果摊贩，细心地为游客指路……时光在这里犹如一卷电影胶片，静静地流淌。虽然尼泊尔的经济还比较落后，但是这里的人们单纯善良，慢慢地，你就会被他们淳朴的民风所感染。这种简单快乐的幸福感正是源于他们精神上的富足。相比之下，我们的脚步是不是走得太快，而忽略了灵魂的平安喜乐。

正在外界的混乱与内在的匮乏不断交织的情形下，师父黄荣华女士带着“贵族精神”的训练来到我们身边。当我开始追随着师父留下的足迹，寻着功课向前探索时，我内心那份封存很久的力量被唤醒和复苏，身体感受到一种内在深处散发出来的微妙喜悦，感受到了美好与珍惜，还有一份做人的责任。

说到贵族精神，我们恐怕要从西方文明的发展中追本溯源。英文里的noble，除了“贵族”的涵义外，还有出身高贵的、高尚的、伟大的、崇高的等解释，而“贵族精神”的内涵则更加丰富，包括高贵的气质，宽厚的爱心，悲悯的情怀，清洁的精神，承担的勇气，坚韧的生命力，人性的良知，和始终恪守“美德和荣誉高于一切”的原则。

显然，这里的“贵”并非我们所理解的“富”，它更多的是一种精神上的品行和尊严，是精神上的圆满自足，更多的是一种人生态度。只是，我们在学习、借鉴西方贵族精神的时候，曲解了它的涵义，认为拥有高档住宅、豪车、美女如云、奢侈品、子女进入贵族学校就是贵族。这种以金钱来装饰的生活方式，只是一种形式主义的贵族生活，而非对精神生活和艺术审美的追求。贵族精神跟物质条件没有必然的联系。张爱玲曾说，旧上海里的一位电梯工，每天都要衣冠楚楚，领带打得整整齐齐才肯出来给顾客开电梯，这是一种文化的教养与礼貌。

此外，贵族精神还离不开社会的担当，无论富有还是贫穷，我们都能依靠自己的力量为社会做出一份贡献。家喻户晓的洛克菲勒家族是美国首屈一指的财富家族，即便如此，小洛克菲勒上大学时，过的仍是简朴的生活，自己的衣服、裤子自己熨，甚至连纽扣都是自己来缝，他不抽烟、不喝酒，也不随便到剧院看戏，他和父亲一样，每一笔开支都详细地记录在本子上。这看似“抠门”的行为并没有妨碍他在为社会捐赠时的慷慨。同样，天津一位拾荒的老人，自己省吃俭用，用微薄的收入资助了几个大学生念书，这何尝不是一种慷慨……这些高尚行为的背后，更多的是一种社会担当和社会责任感。

2016 年的全国“两会”上，李克强总理在政府工作报告中提到了“工匠精神”，鼓励和肯定中国企业要培育这种精益求精的精神。我想，这也正是我们可以停下匆忙的脚步，追求与反思的时候。事实上，工匠精神并非舶来品，《庄子》有云，“技进乎道”，“技”就是我们今天所说的“工匠精神”，这是一种对所做的事情近乎强迫的专注与坚持。我国历史上曾出现过许多技艺卓越的工匠，如善于解牛的庖丁、木工精湛的鲁班等。

如今，在社会资源日渐匮乏的情况下，重提工匠精神、重塑工匠精神，不仅对企业家而言意义非凡，从长远来看，对于中国制造业的发展无疑也将是一次远航前的修整与打磨。提升技艺，追求卓越与精致，这也是贵族精神的一种。它启发我们每一个人，如果我们能在日常的工作岗位上用工匠精神对待每一个微小的细节，那么再平凡的地方也能成就个人价值。

当然，贵族精神还格外看重灵魂的自由。他们拥有独立的意志，任凭历史的洪流如何冲刷，不为政治强权与多数人的意见所奴役，只向内心求生活。从屈原的高贵自重，到陶渊明的自我放逐，这种对权势的蔑视，追求卓尔不凡的精神世界，就是对高贵精神的最有力的坚守。

真正的贵族精神，是如这般优雅从容生活，而又不因现实的利益丢失灵魂的道义。基于这样一种意义来说，精神的贵族与富人是没有关系的。精神的贵族不一定富有，富有之人不一定是贵族。因为这种贵族精神不是用钱可以买来的，它是这个时代难能可贵的信仰。

这引发了我们的思考，到底中国人的贵族精神身处何方？五千年优秀的文化传统给我们留下的是什么？我们的物质生活虽然越来越丰富，但我们还不是贵族，我们还没有形成与之相匹配的贵族精神。因而今年，在师父黄荣华女士的带领下，贵族精神的内涵得到了进一步丰富与深化，并建立了五个新的起点：文化的教养、社会的担当、自由的灵魂、艺术的修养以及家族的传承。让我们经由这五个修炼法门开始修为自己，成一个知行合一、拥有贵族品质的中国人。

作为人类的一员，无论生活在世上哪一个角落，属于哪一种文化，我们都需要为这个世界的混乱和不幸肩负起责任，并且帮助他人肩负起责任。如果我们都有此共识，新的世界才有可能诞生。当贵族气质走下神坛，它就是我们每一个人都能打磨并拥有的品质。

本章总结

核心思想：

大学版“成长心连心”重在以活动的形式，培养每一位即将走向社会的大学生拥有成为领袖的品质，加强社会责任感，明白自己应当肩负的使命，为社会做一份贡献。

深入剖析：

●对个人来说，软实力指什么？想象你在工作中正面临一个富有挑战性的工作，你此时的心态是什么？保持哪一种心态会让你收获更多成就自我的机会？

●认清两个自我。你内心真正的渴望是什么？什么时候你会丢掉心中的目标，成为另一个自我？在与内心的渴望同行的过程中，你遇到的最大干扰是什么？你将如何克服？

●你认为企业家需要具备哪些社会责任？为什么它如此重要？

●贵族精神的实质是什么？它包含哪些新的涵义？我们将如何在生活中实践“贵族精神”？

后　记

到目前为止，本书带你觉察自我的这段旅程已经结束，但是，合上书的那一刻，生活才真正开始。我们的生命是有所选择的，关键是你正在做的和你想要的是否背道而驰。如若偏离了去往梦想的道路，那么，不妨停下脚步，花时间提升自己内在的一致性和自我的清晰感，看看自己是否混淆了一些概念？是否有事实真相和情绪没有区分开来？是否已经固化了已有的信念？是否仍对世界充满好奇与期待？是否争执变多？是否时常感到孤独……当你以开放的心态走进内心世界，回答这些问题时，自我怀疑就消融了，取而代之的是生命的意图正在显现。再次启航时，你清晰地知道了自己内在的方向和使命，走进了自己想要在生命里实现的愿景之中。

我的愿景在我刚开始接触教练这个行业时就已明了，这将是我长久的事业，我希望将它带给我的感动和喜悦分享给更多朋友，帮助你消除阻碍，释放自己。因此，与其说这本书是我一时的兴趣，不如说它是我在教练生涯中的慢慢沉淀下来的体会与心得。其中必然会有一些主观的看法，因而只是一个分享与参考。

感谢大家在阅读过程中对我的观点的包容，以及对一些瑕疵的接纳。一切都在学习中。你们的成长与收获就是我最大的欣慰。

成书的过程中，感谢海峰对我的大力支持和鼓励，他是一位很优秀的教练，中间一些思想的碰撞让我看到了更加多维的教练技术与它产生的魅力。

在我人生的发展历程中，还有很多人给了我莫大的支持。生命中第一位师父是黄荣华女士，她让我知道了什么是师徒，什么是传承，也让我在跟随她学习的过程中懂得了降服自己是成功路上如此美丽的风景线。她像一盏航灯，在我前进的路上不断地照亮我，指引我，激发我更多的可能性。另一位恩师是现任香港树人大学副校长的孙天伦博士，她让我知道什么才是生命的意义和本质，带我看清自己内心的恐惧与不足，同时使我收获了生命中的美好与奇迹，让我知道一名优秀的教练和训练师该如何清理自己，孙博士同时也教会了我做人的法则，两年来，在香港的每一次心理学学习都给了我生命崭新的补给，非常感谢她两年的陪伴与鼓励！

来自全国各地的教练们，在每个阶段，都充满热情地支持我们。包括北京的徐英，西安的曹敬唯，上海的郑宇宸，深圳的婉容，太原的胡蝶，秦皇岛的晓红，上海的郑羽岑还有刘吉川哥哥。此外还有许多同修的支持，尤其是甲子团的徐正华，朱月洁，董英路，蒿燕茹，我的丽萍姐姐，建团的那一天我们大家就在一起读书学习，彼此相互支持，经历了快乐和幸福，也经历了心灵之间的碰撞，想起来满是幸福的回忆。

感谢路上所有陪伴过我的学员们，谢谢你们！

还要感谢彤辉实业集团公司的刘彤，谢谢他一直以来的培养和欣赏，在我们曾经一同参与的企业经营，一起走过的家族历程里，他如同家长一般给我创造着机会，支持着我成长。

当然，还要感谢父母一直以来的栽培和教导，父亲博学睿智，母亲慈爱包容。尤其要感谢先生和儿子对我事业的大力支持，他们不仅包容我对于本书内容的热情，甚至在我为了教练事业四处奔波时，鼓励我把学到的东西分享给更多的朋友。

最后，我还要特别提到一位小朋友，她叫裴柯然，与我有忘年之交。她告诉我，每次想我时就会画一幅画，然后慢慢地，就积成了一本画册。有一幅画我很喜欢，是一颗“心”上长了一对翅膀，她说 :“当我想你时，我的心就可以有翅膀，带着我去看你。”这不是孩子的童话，是我们每一个人都能创造的现实。我们的心都有翅膀，她不仅会飞翔，还可以带着七色阳光照耀途径的一切，将温暖和智慧带到每一个地方，点燃每一处希望。

今天的一切离不开路上的每一位人，为你们的支持，献上我所有的祝福与诚挚的感谢！